Docteur *MORDTMANN*

ESQUISSE

TOPOGRAPHIQUE

DE

CONSTANTINOPLE

LILLE

DESCLÉE, DE BROUWER ET Cᵉ

1892

ESQUISSE TOPOGRAPHIQUE

DE

CONSTANTINOPLE

Docteur MORDTMANN

ESQUISSE

TOPOGRAPHIQUE

DE

CONSTANTINOPLE

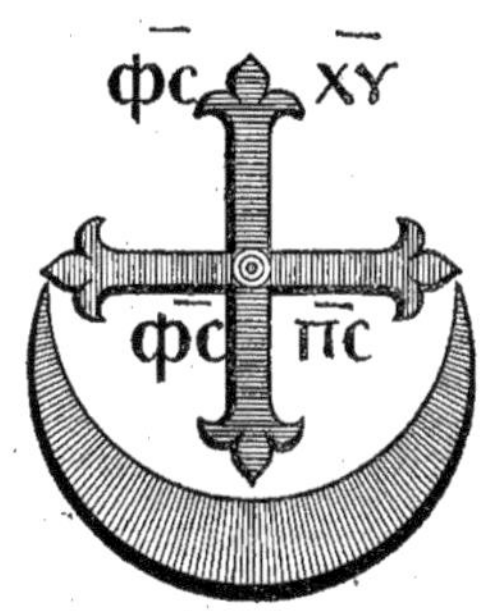

LILLE

DESCLÉE, DE BROUWER ET Cⁱᵉ

1892

Esquisse topographique de Constantinople.

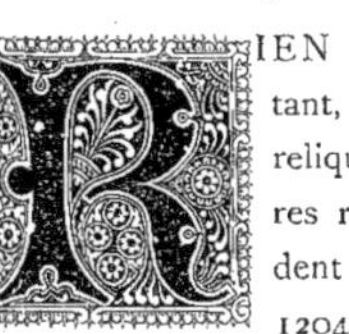

IEN n'est plus important, quand il s'agit des reliques et des reliquaires rapportés en Occident par les Croisés en 1204, après la prise de Constantinople, que de connaître exactement les lieux saints, où les reliques pieusement conservées, enchâssées d'or, d'émaux, de pierreries, étaient vénérées.

Les travaux publiés sur Constanstinople et ses monuments prouvent l'intérêt que les archéologues et les érudits attachent à cette étude, et le comte Riant qui nous a fait connaître par ses *Exuviæ* les richesses sacrées de la capitale de l'empire byzantin, s'était préoccupé sérieusement de l'état de Constantinople, à l'époque de la quatrième Croisade.

Parmi les papiers que son amitié a bien voulu me laisser, en me léguant le soin de continuer les *Exuviæ Sacræ Con-stantinopolitanæ*, se trouvait un plan de Constantinople au Moyen-Age, que l'illustre maître avait chargé le docteur Mordtmann de dresser ; je n'ai pas voulu différer à le publier.

Monsieur le docteur Mordtmann qui a fait de Constantinople l'objet de ses perpétuelles études, était mieux à même que personne d'éclairer d'un jour nouveau ces points si controversés : le travail qui suit, destiné dans le principe aux *Archives de l'Orient latin*, un des derniers revu et annoté par le comte Riant, qui allait l'envoyer à l'impression quand la mort l'a surpris, est donc un nouveau monument, auquel son nom doit rester attaché et qui nous fera comprendre encore davantage la perte d'un savant et d'un ami que nous ne pourrons jamais assez regretter.

F. DE MÉLY.

Paris, janvier 1891.

I.

Les quatorze régions.

A ville de Constantinople était divisée de tout temps en quatorze arrondissements ou régions ; le mur élevé du côté de la terre par Constantin le Grand formait la limite occidentale de cette enceinte, qui ne comprenait point les quartiers situés en dehors du mur. Ceux-ci, appelés d'abord χῶρα et ensuite ἐξωκιόνιον, étaient occupés par les campements des corps auxiliaires gothiques : ils furent à leur tour, sous Théodose II, entourés d'une double enceinte par Anthémius et Cyrus Constantin. L'espace compris entre le vieux mur constantinien et la nouvelle enceinte théodosienne, assigné aux sept corps gothiques, était divisé en sept quartiers portant le nom numérique de leur garnison respective. L'histoire n'a conservé que les noms de Deuteron, Triton, Pempton et Hebdomon. A l'époque des Croisades, on n'y distinguait que les quartiers de Psamathia, Deuteron, Pempton, Hebdomon et Blaquernes.

La division de la ville en régions est restée en vigueur pendant toute l'époque byzantine : c'est ce que prouvent, (outre quelques témoignages moins importants) le *Livre des Cérémonies* de Constantin Porphyrogénète et en dernier lieu un passage d'Ibn-Batouta, qui visita Constantinople sous les Paléologues. Il est donc indispensable de soumettre les données de la *Notitia urbis Constantinopolitanæ*, à un nouvel examen, d'autant plus que les délinéations de Pierre Gilles et de Banduri ne correspondent plus à l'état actuel de nos connaissances sur la topographie de la capitale. Banduri en comprenant l'ἐξωκιόνιον dans la division des régions, a introduit un élément de confusion qui a été la cause de bien des erreurs.

Regio I.

2) D'après la *Notitia*, la première région comprenant le Grand Palais était une plaine d'une certaine étendue, qui se terminait en se rétrécissant ; la limite occidentale commençait à la partie inférieure du Grand Palais, puis passait à l'est de l'Hippodrome, pour redescendre vers la mer, après avoir dépassé l'enceinte septentrionale du Palais, c'est-à-dire la façade de l'*Augusteon*. « Dextro latere declivis in mare descendit. » Cette descente vers la mer, qui devait avoir lieu au sud du Sénat, qui appartient déjà à la seconde région, entre le Grand Palais et le rocher abrupt de l'Acropole, est bien reconnaissable encore aujourd'hui. Dans les auteurs, elle est appelée Καταβάσιον εἰς τὸν ἅγιον Λάζαρον. La première région s'étendait donc d'un point à l'orient de Kutchuk Agia Sofia, jusqu'à la porte de Sainte-Barbe, près de la pointe du Sérail ; le rocher de l'Acropole, la place de l'*Augustéon* et l'At Meïdan la séparaient de la IIᵉ et de la IIIᵉ région.

Regio II.

3) La seconde région commence au *Theatrum minus* (le Κυνήγιον, à la pointe du Sérail) et s'élève en pente douce vers le plateau de l'Acropole, qui est séparé de la mer par des rochers abrupts. Son extension est suffisamment indiquée par la mention du Sénat, des deux églises, Sainte-Irène *(Ecclesia antiqua)* et Sainte-Sophie *(Eccl. magna)* et des Thermes de Zeuxippe, qui touchaient en même temps à l'Hippodrome et aux dépendances du Grand Palais. Elle comprenait donc aussi la place située entre le Grand Palais, le Sénat et Sainte-Sophie, appelée chez les auteurs et surtout dans le *Livre des Cérémonies*, l'*Augustéon*.

Regio III.

4) La troisième région contient la place

de l'Hippodrome et s'étend jusqu'à la mer. Les Thermes de Zeuxippe sont le point où se rencontrent les trois premières régions. Vers le nord, la IIIe région est limitée par la grande rue Centrale (μέση λεωφόρος, Divan yolou). Le *Tribunal Fori Constantini*, qui paraît être identique avec le *Prétorium* du *Livre des Cérémonies*, en forme la limite occidentale. Du côté de la mer, elle embrasse le port Sophien *(Portum Novum)* et une partie de la côte, jusqu'à la crête, qui en partant du voisinage du *Forum Constantini* arrive à la mer à une petite distance de Koum Kapou.

Regio IV.

5) La quatrième région, en commençant à l'occident de Sainte-Sophie, occupe la vallée entre la première et la seconde colline (collibus dextra lævaque surgentibus) et s'étend jusqu'à la Corne d'or. Dans

Château des Sept-Tours. A droite la Porte-Dorée.

ses confins se trouve la première Echelle, à partir de la pointe du Sérail, *Scala Timasi*, ainsi que l'*Augusteon*. Mais, si déjà la deuxième région comprend tous les édifices érigés sur la place de l'*Augusteon*, telle qu'elle est définie par les auteurs, il est évident que le mot « *Augusteon* » s'est glissé dans le texte par erreur, à moins que l'auteur n'entend par là la partie occidentale de cette place qui, après la reconstruction de Sainte-Sophie et de ses abords, sous Justinien, n'a plus gardé ce nom. Le Milliaire d'or étant désigné comme terme, comme point de départ et partie intégrante de cette région, il ne pouvait se trouver au milieu de l'*Augusteon* comme il est indiqué, sur le plan de Labarte, mais bien à l'occident de Sainte-Sophie, au nord des Thermes de Zeuxippe et au début de la rue Centrale, ce qui d'ailleurs correspond parfaitement aux données du *Livre des Cérémonies*. D'après celui-ci, le Milliaire ne se trouve point sur le parcours direct entre le Palais et Sainte-Sophie; par contre, chaque fois que la procession impériale, en sortant du narthex de Sainte-Sophie, se rendait au *Forum Constantini*, elle devait passer par les voûtes du Milliaire pour arriver à la rue Centrale. De même, lorsque le cortège impérial devait rentrer du *Forum Constantini* au Palais, il traversait le Milliaire avant de parvenir à l'*Augusteon* et à la porte du Palais. Finalement le chemin de Sainte-Marie Chalcopratienne au Palais, sans toucher à Sainte-Sophie, passait également par les arcades du Milliaire.

6) Pour comprendre cette exposition, il faut tenir compte de ce que Labarte, dans son ouvrage sur le Grand Palais, a transporté tous les édifices et monuments du *Forum Constantini* sur la place de l'*Augusteon*, c'est-à-dire: la Colonne de porphyre, la chapelle de Saint-Constantin et Sainte-Marie du Forum : de manière que le cortège impérial en se rendant de Sainte-Sophie au Forum, aurait dû prendre nécessairement la direction du sud, tandis qu'en réalité il se dirigeait vers l'ouest. Et cependant, le *Livre des Cérémonies* dit expressément que l'empereur, pour se rendre de Sainte-Sophie au Grand Palais, sort par le Puits sacré sur la façade méridionale de l'église: lorsqu'il prend le chemin du *Forum Constantini*, il sort par le narthex et les portes occidentales.

Les *Chalcopratia*, avec l'église de la Sainte-Vierge, que Labarte a placés sur l'*Augusteon*, étaient situés au nord de Sainte-Sophie: D'après l'anonyme de Banduri, l'enceinte primitive de la ville de Byzance commençait sur la Corne d'or près de la porte Saint-Eugène, pour monter par le *Strategion*, les Thermes d'Achille et les *Chalcopratia* jusqu'au Milliaire. Le *Livre des Cérémonies*, en traçant le chemin à parcourir pour arriver à Sainte-Marie Chalcopratienne du *Forum Constantini* dit (p. 169):

« Καὶ ἀνέρχονται ἐν τῷ τοῦ φόρου σινάτῳ καὶ τελεῖ
« τὰ ἅπαντα ἐκεῖσε — καὶ πάλιν διὰ τοῦ αὐτοῦ ἐμβόλου
« κατέρχεται καὶ τοῦ Λαύσου καὶ ἀριστερὸν ἐκκλίνας
« ἀπέρχεται εἰς τὰ Χαλκοπράτεια » c'est-à-dire :
« L'empereur quitte la rue Centrale, près du
« palais de Lausus (non loin de l'Hippo-
« drome) et descend à gauche (vers le nord)
« aux *Chalcopratia*. » Antoine de Novgorod (§ 108) confirme cette indication en disant : « En allant sous la galerie couverte « (portique d'Eubulus) vers l'Hippodrome, « on rencontre à gauche l'église de la Sainte- « Mère de Dieu, où se trouve la table de « marbre sur laquelle N.-S. a célébré la Cè- « ne. » A ce trait, nous reconnaissons l'église de Notre-Dame Chalcopratienne dans la mosquée actuelle de Zeineb Sultan. D'après Labarte, « l'empereur, après avoir prié dans « cette chapelle, montait par les degrés de « bois dans les catéchumènes de Sainte-So- « phie. » Or, dans tous les textes du *Livre des Cérémonies* relatifs au passage de l'empereur de Sainte-Marie Chalcopratienne au Grand Palais, il n'est point question des catéchumènes de Sainte-Sophie, mais bien de ceux de l'église de Sainte-Marie et de l'escalier en bois qui joignait les différentes parties de cette église. Il y est dit auparavant, que l'empereur, après être descendu des catéchumènes à la porte de Sainte-Marie par l'escalier en bois, monte à cheval et se dirige vers le palais, en passant sous les arcades du Milliaire.

7) Un passage de Nicétas Acominatus (¹)

---

1. Éd. Bonn., 305 sq.

confirme parfaitement la position assignée par la *Notitia* au Milliaire d'or.

« Les partisans du César Jean avaient occupé « l'église de Sainte-Sophie, l'oratoire de Saint-Alexis et « le Milliaire : ces derniers servaient de forts détachés « à la position centrale de la grande église. Les Impé- « riaux en sortant du Grand Palais attaquent les ré- « voltés de front, sans pouvoir gagner de terrain. Ils « réussissent cependant, par un mouvement tournant, « et en sortant probablement du palais du Kathisma, « à occuper le temple de Saint-Jean Apôtre, d'où ils « dominent le Milliaire. Par ce même mouvement, ils « empêchent les révoltés d'être rejoints par de nou- « veaux partisans venus de la ville. Les révoltés sortent « de l'église de Sainte-Sophie et de l'*Augusteon* pour « rompre le cercle des assiégeants ; mais ils sont re- « poussés par les troupes Impériales. Les révoltés éva- « cuent, à la suite de ces échecs, les deux positions « avancées du Milliaire et de l'oratoire de Saint-Alexis « et ils se retirent à la Grande Église etc.. »

La position de l'église de Saint-Jean Apôtre relativement au Milliaire est assez clairement indiquée par le *Livre des Céré-monies* (¹) : le préfet de la ville, en se ren-dant de Sainte-Sophie à l'église de Saint-Romain le dimanche des Rameaux, est salué par les Bleus à l'arcade du Milliaire, par les Verts à l'église de Saint-Jean, et de nouveau par les Bleus près du prétoire, situé non loin du *Forum Constantini*.

Ainsi la quatrième région devait être limitée par la principale rue sur un petit parcours (Milliaire, église de Saint-Jean Apôtre Diippium). Elle descendait en ligne oblique vers la Corne d'Or en com-prenant la basilique d'Illus, le *Nympheum* (peut-être là fontaine et le Sou Terazi vis-à-vis du narthex de Sainte-Sophie) et les *Chalcopratia* jusqu'à l'Echelle de Timasus. Elle était séparée de la deuxième région par le rocher de l'Acropole et le mur, de construction byzantine, qu'on peut voir en-core aujourd'hui et qui, commençant non loin de l'Ecole de médecine, après avoir com-pris le Tchinli köchk, touche à l'enceinte du

Vieux Sérail au sud de Soouk Tchechmé Kapoussi. Au-delà du mur d'enceinte il continue en embrassant les soubassements de Sainte-Sophie et finit par disparaître sous le pavé à peu de distance du narthex de Sainte-Sophie. C'est donc ici qu'il faudra placer le Milliaire d'Or qui, d'après Codinus et l'anonyme de Banduri, était jadis une porte terrestre de l'ancienne Byzance.

REGIO V.

8) La cinquième région touche à la quatrième et à la Corne d'Or, dont deux Echelles lui appartiennent : le *Portus Pros-forianus*, où l'on déchargeait les den-rées alimentaires, est reconnaissable à la figure sigmoïde de sa muraille, et servit, d'après l'anonyme de Banduri, de Marché aux bœufs jusqu'à l'époque de Constantin Copronyme. Le nom de «*Prosforianus*» fit place plus tard à celui de βοσπόριος ; l'Echelle Chalcédonienne, qu'il faut distinguer du *Neorium*, qui appartient à la sixième région, correspond à peu près à Sirkedji Iskelessi d'aujourd'hui. Parmi les places et édifices assignés à la cinquième région, le *Strategium (in quo est Forum Theodosiacum et Obeliscus Thebaeus quadrus)*, mérite une attention particulière. Il ne peut avoir oc-cupé une autre place, que celle de la Sublime Porte actuelle. Pierre Gilles y vit encore l'obélisque Thébaïque en place.: déplacé plus tard il se trouve actuellement au Musée Ottoman. La limite méridionale de la cin-quième région était formée par la rue centrale jusqu'au *Forum Constantini*, où commence la région suivante.

REGIO VI.

La sixième région, également située sur la Corne d'Or, comprend tout l'espace qui s'étend du *Forum Constantini* à la Corne d'Or, c'est-à-dire le versant occidental de la seconde colline, la vallée entre la deuxième

---

1. Page 375.

et la troisième colline et toute la côte de la Corne d'Or au pied de la troisième colline. La *Description* y mentionne le *Néorium*, le port et l'Échelle d'où l'on s'embarquait pour la côte opposée de Sycae. Cette Échelle porta plus tard le nom de Zeugma et de Perama. Les quartiers riverains de la Corne d'Or, compris dans la cinquième et la sixième région furent assignés plus tard aux colonies Italiennes. Il est bien probable, que la division administrative des régions a été d'une grande influence sur l'attribution de ces quartiers aux étrangers, quoique les documents qui définissent leurs droits n'en fassent aucune mention.

Regio VII.

9) Pierre Gilles a éprouvé une certaine difficulté à préciser la position de la septième région à cause du passage : « a parte *dextera* columnæ Constantini usque ad Forum Theodosii extensa ». En ajoutant trop de foi à la tradition, qui attachait le nom de sainte Irène à certaines ruines, situées non loin du Sériaskérat, il a placé la septième région sur les bords de la Corne d'Or. Cependant la description de la région suivante (huitième) dit bien clairement que la basilique de Théodose, le Capitole, ainsi que les portiques à gauche depuis le *Forum Constantini* jusqu'au *Forum Tauri*, se trouvaient dans celle-ci, tandis que la Colonne de Théodose, qui se trouvait, d'après Gilles, dans la partie méridionale du Taurus, faisait encore partie de la septième région. En plaçant donc la septième région sur la Corne d'Or, il faudrait supposer que les deux régions VII et VIII se seraient croisées au lieu d'être juxtaposées l'une à l'autre. En second lieu il faut prendre en considération, que la côte de la Corne d'Or jusqu'au Perama est déjà occupée par les trois régions IV, V et VI et qu'il ne reste plus de place pour la septième avec ses quatre vingt-cinq rues. En rangeant comme nous le faisons la septième du côté de la mer, nous rétablissons la symétrie entre les deux versants de la ville, et les première, troisième et septième régions se trouvent vis-à-vis des quatrième, cinquième et sixième, séparées par la rue Centrale. Les limites de la septième région seraient donc : à l'orient, la crête, qui descend du *Forum Constantini* vers la mer ; au nord, la rue Centrale et le portique méridional d'Eubulus, depuis la Colonne de Constantin jusqu'à celle de Théodose sur le *Forum Tauri* : vers l'occident enfin, le dos de la colline, qui du *Forum Tauri* descend vers la mer, dos appelé aujourd'hui Taouchantach Yokouchou. Quant aux trois églises dont le texte fait mention (Saint-Paul, Sainte-Irène et Sainte-Anastasie) il n'est guère permis d'en tirer une conclusion certaine. Des trois églises de Sainte-Irène mentionnées par les auteurs, l'une se trouve dans la deuxième région (Ecclesia antiqua), l'autre au bord de la Corne d'Or (quatrième ou cinquième région), et la troisième vis-à-vis à Galata. L'église de Sainte-Anastasie, appelée aussi de la Résurrection de N.-S., se trouvait dans la troisième région au sud de l'Hippodrome « ἐν τοῖς Δομνίνου ἐμβόλοις, » et ne peut être identifiée avec la Sainte-Anastasie de la septième région. Antoine de Novgorod en parlant des deux églises (¹) place d'abord « ad ecclesiam « Resurrectionis in regione Mauriani » celle de la troisième région; puis, énumérant les églises près du *Forum Tauri* et du *Forum Constantini*, il cite aussi le « corpus sanctæ « Anastasiæ, in ejusdem ecclesia sortes « et fraudes revelantis » (A. φαρμαχολύτρα), qui évidemment correspond à celle de la septième région. L'église de Saint-Paul paraît être celle de Saint-Paul confesseur,

---

1. *Exuviæ*, II, 227, § 138.

mentionnée par Antoine de Novgorod
(§ 143), non loin des sanctuaires de la troisième région.

REGIO VIII.

10) La situation et l'étendue de la huitième
région n'est sujette à aucun doute : elle
occupe tout le plateau de la troisième colline
et forme le centre autour duquel se groupent
les sixième, septième, neuvième et dixième
régions. Le *Forum Tauri*, la basilique de
Théodose, le Capitole d'un côté, une partie
du *Forum Constantini* et le portique gauche
(c'est-à-dire septentrional) depuis le *Forum
Constantini* jusqu'au *Forum Tauri* en forment les limites vers le sud et l'ouest. Comme
cette région ne touche nulle part à la mer,
il faut supposer que les pentes très raides
de la troisième colline vers le nord la sépa-
rent des quartiers riverains de la Corne
d'Or. A l'est, elle est contiguë à la sixième
région ; la longue rue, qui descend à l'ouest
du *Forum Constantini*, en longeant le pied
de la troisième colline vers la Corne d'Or
dans la direction d'Odoun Kapoussi, doit
être considérée comme la limite orientale
de la huitième région. Appelée aujourd'hui
Ouzoun Tcharchi (le Marché long), cette
rue portait à l'époque byzantine le nom de
μακρὸν ἔμβολον, ce qui signifie la même chose
que la dénomination turque. C'est par là
que devait passer l'empereur, lorsqu'il se
rendait du Grand Palais à l'église de N.-D.
des Blaquernes : « ἱππεύσας δὲ ἀπὸ τῶν ἐκεῖσε
(narthex de Sainte-Sophie) διέρχεται διὰ τοῦ
μιλίου, φορου τε καὶ τοῦ μακροῦ ἐμβόλου τοῦ Μαυριανοῦ
καὶ τοῦ Πετρίου καὶ ἀπερχεται μέχρι τῆς παναγίας
Θεοτόκου ἐν Βλαχέρναις. — L'empereur quitte la
rue Centrale à l'occident du *Forum Const.*, il
descend par le *Macron Embolon* de Maurien
jusqu'à la Corne d'Or en sortant de la *Porta
Vigla* (Odoun Kapoussi), il longe le port
en passant par le Pétrion et arrive finalement aux Blaquernes ([1]). »

REGIO IX.

11) La neuvième région occupe la déclivité
méridionale de la troisième colline jusqu'au
bord de la mer : « prona omnis et in notum
deflexa, extensi maris littoribus terminatur. »
A l'orient, elle est séparée de la septième
région par le Taouchan Tach Yokouchou,
et à l'ouest elle s'étend jusqu'au port Théodosiaque (Vlanga Bostani), qui appartient
encore à la douzième région. Le rue Centrale
la sépare de la dixième « platea magna,
velut fluvio interveniente, dividitur ».

REGIO X.

12) La dixième région comprend les quartiers situés entre la rue Centrale et la Corne
d'Or, sur le versant occidental de la troisième
colline. Ses limites en sont indiquées d'abord
par l'église où plutôt le *Martyrium* de Saint-
Acace, qui est différent de l'église de Saint-
Acace ἐν ἑπτασκάλῳ de la septième région (près
de Koum Kapou). Il s'agit ici de la chapelle
érigée à la place où saint Acace subit le
martyre, et qui, d'après l'anonyme de Banduri, portait le nom, « τὴν Καρύαν, ἐν τῷ Σταυρίῳ
ἐν τῇ βασιλικῇ πύλῃ ». La *Description* dit expressément « ecclesia sive *Martyrium* ».
La porte Impériale mentionnée à cette
occasion ne peut guère signifier celle qui, à
l'époque des Croisades et des Paléologues,
portait ce nom, et qui était située beaucoup
plus à l'occident (Balat Kapoussi). Il s'agit
évidemment d'une porte du mur Constantinien, car la dixième région est la dernière
sur la Corne d'Or ; entre celle-ci et la quatorzième région (Blaquernes), il y avait un
espace libre, et la onzième région, qui comprenait l'église des SS. Apôtres, occupait la

---

1. *De Cærim.*, 1, p. 156. 5.

quatrième colline sans toucher à la mer. Le mur Constantinien devait donc toucher à la Corne d'Or non loin d'Oun Kapan, après être descendu entre la quatrième et la cinquième colline. Peut-être l'Ayazma Kapoussi, entre Oun Kapan et Odoun Kapoussi, est-il une réminiscence de l'ancien Martyre de saint Acace. Le deuxième point de délimitation sont les *Thermæ Constantinianæ,* situées près du quartier *Constantiana s. Theodosiana,* dont l'emplacement est marqué par la colonne de Marcien (Kiztachi). Le « *Nympheum majus* » ou le grand distributeur d'eau (takçim), qui sépare la dixième de la huitième région et qui est situé à l'ouest et aux alentours du *Forum Tauri,* ne peut être cherché qu'à la fin du grand aqueduc de Valens (Boz dogan Kemeri), où en effet il est facile de reconnaître dans le takçim actuel des substructions byzantines. Le palais de Placidia (domus Placidiæ, τά Πλακιδίας), point d'une certaine importance pour le placement de l'église de Saint-Étienne, paraît avoir été situé entre les deux points extrêmes de la dixième région, les thermes de Constantin et le *Nympheum.* En général la *Notitia* observe rigoureusement, autant que nous le pouvons constater, l'ordre topographique dans l'énumération des places et des édifices.

Regio XI.

13) La onzième région, bien caractérisée par l'église des SS. Apôtres (mosquée du sultan Mehemed Fatih), ne touche nulle part à la mer : elle occupe le plateau de la quatrième colline et descend au sud jusqu'au *Forum Bovis,* place indiquée par les mots « Bovem æreum », qui devient ainsi le point de contact des onzième, douzième et neuvième régions. En supposant, d'après toutes les apparences, que le petit fleuve du Lycus formait la limite méridionale de la onzième

région, et que le Port Théodosiaque était englobé dans la douzième région, on parvient aisément à fixer la position du *Forum Bovis* à Ak Seraï, près de la nouvelle mosquée construite par la mère du sultan Abdul Aziz. C'est le point où jadis, comme aujourd'hui, devaient, vu les conditions topographiques, converger toutes les rues venant du *Xérolophus* et des portes de la ville, la rue qui, séparant la quatrième et la cinquième colline, se dirigeait vers la Corne d'Or, et qui, par le *Forum Amastrianorum* se joignait à la rue Centrale, et les rues qui longeaient le bord de la mer.

Regio XII.

14) La douzième région comprend tout le *Xerolophus,* septième colline. Vers le nord, elle touchait à la onzième région et vers l'ouest au mur Constantinien : « quam mœnium sublimior decorat ornatus. » La Porte Dorée de la *Notitia* ne coïncide pas avec celle du mur Théodosien, mais avec celle désignée sur le plan de Buondelmonte comme « *Porta antiquissima Pulchra* » (porta lapidea des Act. Sct.). La petite mosquée d'Esséh Kapou, ancienne église, marque aujourd'hui la place de l'ancienne *Porta Aurea.* Il y a déjà plusieurs années que les derniers restes d'un mur épais, qu'on y voyait encore, ont complètement disparu. Les travaux du chemin de fer n'ont pas révélé d'autres traces du mur Constantinien. La série des édifices situés entre la Porte Dorée et le Port Théodosiaque : « Porticus Troadenses, Forum Theodosiacum, Columna intra se gradibus pervia », est reconnaissable encore aujourd'hui par les noms actuels de ces points sur la grande rue conduisant d'Ak Seraï à la mosquée d'Esséh Kapou : Tchifté fouroun sokagui (rue des Portiques) et Avret bazar (marché aux Femmes) ; la colonne d'Arcadius encore debout à l'époque

La grande muraille de Constantinople. Vue générale.

de Pierre Gilles, fut démolie presqu'entièrement à l'exception de la base calcinée, qui ne tardera pas à disparaître à son tour.

REGIONES XIII et XIV.

15) La treizième région, qui comprend le quartier *Sycae*, aujourd'hui Galata n'offre aucune difficulté. La quatorzième région, comprenant le quartier des Blaquernes, formait une ville à part, dont les murs primitifs ont dû faire place à un système de fortifications plus compliqué. L'église mentionnée est celle de la Sainte-Vierge, construite par Marcien et le palais, celui des *Jucundiana* ou du Tribunal *Hebdomi*, consacré dès les premiers temps de l'empire à la proclamation des empereurs.

La longueur de la ville Constantinienne, depuis la Porte-d'Or jusqu'à la mer était, d'après la *Notitia*, de 14705 pieds romains, la largeur de 6150, ce qui donne la proportion de 2,21 à 1. Ces chiffres pourraient servir à déterminer exactement la véritable position des murs Constantiniens, si nous connaissions mieux les points de repère de la mensuration. Mais nous sommes forcé de déterminer la position de ces murs d'après les indications, assez vagues, de Codinus et de l'auteur des *Patria*. Du côté de la mer, le point de départ se trouvait près de l'endroit appelé aujourd'hui « Et yemez (ne mangeant pas de viande) », où se trouvaient jadis les ruines d'un couvent ou d'une église, probablement du monastère de Dius. De là, le mur se dirigeait vers le nord, où l'Esséh Kapou, l'ancienne Porte Dorée, sert de second point de repère. Le mur devait passer ensuite à l'est du Tchoukour Bostan, l'ancienne citerne de Mocius, qui appartenait déjà à l'*Exokionion*, pour descendre dans la vallée du Lycus et remonter ensuite jusqu'à un point situé à l'ouest de la mosquée du Sultan Méhémed,

et que détermine ainsi Pierre Gilles :

« Infra quod si columna, a qua dicunt appellatum « locum Exocionion fuit illa, quæ in dorso quinti collis « bene excelsa undique procul longe eminere supra « omnes domos paulo ante videbatur (1). »

16) La cinquième colline est celle qui est couronnée par la mosquée du Sultan Selim et qui contient une citerne tout à fait semblable à celle de Mocius. Les murs de Constantin passaient à l'est de cette colonne, disparue aujourd'hui, et descendaient par conséquent entre la quatrième et la cinquième colline jusqu'à la Corne d'Or. La citerne, dite aujourd'hui Tchoukour Bostan, au sud de Sultan Selim, était donc la citerne de Bonus, jusqu'à laquelle, d'après les *Patria*, arrivaient les murs de Constantin (καὶ διήρχετο μέχρι τῆς Βώνου) et l'église des SS. Manuel, Sabel et Ismaël, tout près de celle-ci. La partie de la ville où les murs de Constantin touchaient à la Corne d'Or est appelée τὰ Ἀρματίου, nom qui ne paraît presque point dans l'histoire des temps postérieurs.

Les portes du mur Constantinien qui donnaient sur l'*Exkoionion* et qui correspondent aux portes du mur Théodosien sont : 1° l'ancienne Porte d'Or, qui existait encore à l'époque de Chrysoloras et qui est marquée sur les cartes de Buondelmonte comme *Porta Antiquissima* ; 2° la *Porta Attali*, mentionnée par Théophane, et le *Chronicon paschale*, correspondant à la porte Selymbrienne des murs Théodosiens ; 3° la *Porta Saturnini*, correspondant à la *Porta Melandesia*, mentionnée dans la biographie de saint Isaac, 4° la *Porta Polyandrii*, près des Saints-Apôtres, et correspondant à la porte de Charisius. 5° D'après les textes très confus de Codinus et des *Patria*, on pourrait supposer aussi une ancienne porte de Saint-Jean près du couvent de Saint-Jean τῆς παλαιᾶς πέτρας, qui était adossé au mur de Constantin. Cette porte

---

1. *Topogr. C. P.*, l. IV, c. I.

correspond à la nouvelle porte de Saint-Jean à côté de l'*Hebdomon*, qui est marquée sur le plan de Buondelmonte du Vatican.

II.
Les murs de Théodose et les autres fortifications occidentales.

17) LE mur Théodosien s'étend de la mer de Marmara jusqu'au château des Blaquernes. Depuis la côte de la Propontide jusqu'au tribunal *Hebdomi* (Tekfour Serai), on constate la parfaite régularité des trois lignes de défense qui le constituaient, c'est-à-dire l'Ἐσοτεῖχος, le mur intérieur ou d'Anthémius, l'Ἐξοτεῖχος, le second mur de Cyrus-Constantin, et le fossé avec la contrescarpe qui représente un troisième mur : nous renvoyons d'ailleurs à la planche du petit ouvrage du docteur Déthier intitulé, *Constantinople et le Bosphore*. Les quartiers de la ville situés entre le tribunal *Hebdomi* et la Corne d'Or, les *Caligaria* et les Blaquernes sont divisés en deux parties distinctes : 1° la colline des Blaquernes portant le palais de ce nom et les *Caligaria*, 2° la partie basse des Blaquernes et le quartier Τὰ Κυνηγοῦ, touchant immédiatement à la Corne d'Or, avec les églises de Notre-Dame des Blaquernes, des SS. Nicolas et Priscus, et des SS. Pierre et Marc. La première de ces parties est défendue par quatre lignes de mur, la seconde n'en possède que deux. La colline des Blaquernes est parfaitement séparée des parties basses par un mur qui se dirige de l'est à l'ouest et qui se termine à la tour d'Anémas.

18) Les deux lignes du mur Théodosien se continuent vers le nord, après avoir embrassé le Tribunal et *Consistorium Hebdomi;* le mur de Cyrus Constantin forme d'abord le mur extérieur du Consistoire, et peut être suivi à travers les squares et les rues actuelles, ainsi que nous l'avons indiqué sur notre plan ; à une centaine de pas à l'est d'Egri kapou, il est conservé presque complètement ; mais ses traces se perdent dans la rue voisine du bain Handjerli Hammam. Le mur intérieur d'Anthémius disparaît sous le pavé près du tribunal *Hebdomi;* plus tard on en découvre des restes près du Yatagan Djami : d'après toutes les apparences, il se termine au mur dit aujourd'hui de Londja, mur perpendiculaire à celui qui sépare la colline des Blaquernes des quartiers voisins.

L'*Exoteichos* et l'*Esoteichos* Théodosiens sont les deux lignes de défense du palais des Blaquernes à l'orient. Les deux autres lignes occidentales ont été construites à des époques différentes ; l'une (l'intérieure) peut-être par Anastase, lors de la reconstruction du palais, plus probablement par Héraclius, lorsqu'il fortifia la ville contre l'agression des Avares ; elle commence à la façade méridionale de la tour d'Isaac l'Ange et se dirige en ligne oblique vers l'*Exoteichos*, qu'elle atteint à la hauteur d'Egri kapou. Il n'en reste que quelques traces dans la rue, qui descend de la cour de la mosquée d'Aiwaz Effendi vers le midi, et les ruines d'une tour au milieu des jardins.

19) La dernière et quatrième ligne de défense touche au fossé près de l'*Hebdomon* et arrive jusqu'à la tour d'Isaac l'Ange. Ce mur, qui frappe déjà au premier aspect par ses dimensions et la solidité de sa construction — il a résisté aux canons du conquérant — présente tous les caractères de l'époque Comnénienne. Les témoignages suivants de Nicétas Acominatus confirment qu'il a été construit par Manuel Comnène.

« περιβόλου τῆς πόλεως ὃν ὁ βασιλεὺς ἀνήγειρε
« Μανουὴλ ἔρυμα τῶν ἐν Βλαχέρναις ἀρχείων (1) ».

1. Nicet. Acom., *Ed.* Bonn. p. 500, 18.

« Ὁ δὲ στρατηγὸς (des Croisés) στρατήγιον
« πήγνυσι — περὶ τὸ γεώλοφον ἀφ' οὗπερ ὁρατὰ μὲν
« τὰ ἐν βλαχέρναις ἀνάκτορα, ὁπόσα νένευκε πρὸς
« ἑσπέραν· περὶ δέ γε τὴν τούτου ὑπόβασιν ὑπτιάζει
« τις αὔλειος ΠΡΟΣ ΜΕΣΗΜΒΡΙΑΝ μὲν ἐς τὸ τεῖχος
« λήγουσα ὅπερ ἔρυμα τῶν ἀρχείων ὁ βασιλεὺς
« ἀνήγειρε Μανουὴλ (¹). »

« l'enceinte de la ville, que l'empereur manuel fit
construire pour la défense du Palais des Blaquernes. »

« Le chef des Croisés établit son quartier sur la
colline d'où l'on pouvait voir le côté occidental du
Palais des Blaquernes ; au pied de celle-ci se trouve
une vallée qui vers le midi s'étend jusqu'au mur érigé
par l'empereur Manuel, pour protéger le Palais vers le
nord jusqu'à la mer. »

Entre les deux murs occidentaux était
situé le quartier des *Caligaria* avec la porte
du même nom (Egri kapou).

La tour d'Anémas et la tour d'Isaac
l'Ange complètent le système des fortifications du Palais à l'occident. Le bas quartier
des Blaquernes avec le sanctuaire de Notre-
Dame était défendu par le Μονοτεῖχος, le mur
d'Héraclius, qui descendait jusqu'à la côte.
Une partie de ce mur a été renforcée, sous
Léon V l'Arménien, par un second mur
extérieur, destiné à protéger l'église des
SS. Nicolas et Priscus, qui était restée en
dehors du *Monoteichos* Héraclien ; ce petit
quadrilatère, qui contient aujourd'hui le
tombeau du Toklou Ibrahim Dédé et un
ayazma, est appelé le *« Pentapyrgion »*, par
les topographes modernes, ce qui cependant
n'est pas justifié par les historiens byzantins,
car le *Pentapyrgion*, dont il est question
dans la continuation de Théophane, et qui
a donné lieu à cette identification, faisait
partie du Grand Palais sur la Propontide.

20) Le mur Théodosien est traversé par
cinq grandes portes publiques, qui relient les
principales rues de la ville, aux routes conduisant dans les provinces. Entre ces cinq
portes, qui étaient fermées en temps de
guerre, s'ouvrent cinq autres grandes portes, qui n'aboutissent ni aux rues de la ville
ni aux routes extérieures, et qui construites
évidemment dans un but tout stratégique, ne
servaient qu'à donner aux défenseurs l'accès
libre de la fausse-braie, du προτείχισμα.

Ainsi l'on distingue aujourd'hui en commençant du côté de la Propontide : 1° une
grande porte fermée dans l'enclos des sept
Tours et I° Yedi Koulé Kapoussi ; — 2° La
porte militaire n° 2 vis-à-vis de l'Hôpital
Grec, et II° Silivri Kapoussi ; — 3° la porte
militaire n° 3 du Sigma et III° Yeni Mevlevihanè Kapoussi ; — 4° la porte militaire n° 4
et IV° Top Kapoussi ; — 5° la porte militaire n° 5 dans la vallée du Lycus, appelée
sur une carte turque Hudjoum Kapoussi
(porte de l'assaut) et V° Edirné Kapoussi.

Parmi les historiens du dernier siège de
la capitale par les Ottomans, Zorzi Dolfin
et Pusculus nous ont conservé la suite des
anciennes portes civiles avec les noms
qu'elles portaient à cette époque.

ZORZI DOLFIN.	PUSCULUS	AUJOURD'HUI :
I Porta aurea	1 Aurea Porta	1 Porte des sept Tours
II Porta Pagea	2 Porta Pegana	2 Silivri Kapoussi
IV Porta de Sto Romano	3 Porta Sti Romani	3 Top Kapoussi
V Porta Carsea	4 Porta Charsaea	4 Edirné Kapoussi
VI Porta Palazo regia	5 Porta Regia	
VII Porta Caligaria	6 Calygaria	6 Egri Kapou
VIII Porta Xilina	7 P. Xylina	7 Heïvan Serai Kapoussi

Dans cette liste manque le nom de la troisième porte (Yeni Mevlevihanè Kapoussi),
qu'il n'y a cependant aucune difficulté à
identifier avec la Porta Rhegii, Ῥησίου, ou
Μελαντιάδος.

21) Le mur Anthémien touche à la mer
par une grande tour, qui porte une inscription des empereurs Basile II et Constantin ;
à côté de cette tour se trouve une poterne,
qui, à conclure d'un *labarum* figuré au-dessus de sa voûte a été ouverte dès l'époque
de Théodose II, et dont les piliers sont
couverts par de nombreux *graffiti* de
gardiens. Les restes d'un ancien môle, se

---

1. Nicet. Acom., *Ed. Bonn.*, p. 719.

prolongeant à cet endroit dans la mer, appartiennent à l'Ἀποβάθρα τῶν πηγῶν (¹), qui servait d'Echelle aux empereurs lorsqu'ils se rendaient par la voie de mer à l'église et aux palais Πηγῆς. La partie comprise entre la Porte d'Or et la mer était appelée le Βραχιάλιον τῆς Χρυσῆς Πόρτης ; en dehors de la ville se trouvait une prairie mentionnée très souvent dans les auteurs (²). Lors de la fête de l'Assomption, l'empereur se rendait sur un navire au Βραχιάλιον τῆς Χρυσῆς Πόρτης ; montait à cheval, et passait διὰ τοῦ λειμῶνος καὶ παρατειχίου μέχρι τῆς ἐξαγούσης πύλης ἀπέναντι τῆς Πηγῆς (³). Kroum sacrifie à ses divinités ἐν τῷ πρὸς Θάλασσαν Λιβαδίῳ τῆς Χρυσῆς Πόρτης (⁴) ἀπὸ τοῦ βραχιολίου τῆς Χρυσῆς Πόρτης μέχρι τοῦ Κυκλοβίου (⁵) : Les Avares assiègent Constantinople ἀπὸ βραχιαλίου ἕως βραχιάλιον.

La Porte Dorée (Χρυσῆ Πύλη, Χρυσέαι Χερσαίαι Πύλαι, Χρυσῆ Πόρτα, Χρυσήλατος Πύλη, Porte Mantiau d'Or, Porte oré), subsiste encore dans sa première forme, mais dépouillée de tous ses ornements. Comme partie intégrante du château des Sept-Tours, elle n'est point accessible, et reste complètement fermée aux communications, comme jadis à l'époque byzantine, où elle était exclusivement destinée aux entrées solennelles des empereurs. A quelques pas de distance vers le nord, se trouve la porte qui servait au passage journalier des passants, aujourd'hui Yedi Koulè Kapoussi, et qui, dans le passé, portait aussi le nom de μικρῆ Πύλη. La porte englobée dans le château des Sept-Tours se distinguait de celle-ci par l'épithète « de Grande : les Grandes Portes Dorées (⁶) ». D'après les topographes modernes la petite Porte Dorée aurait été ouverte après la conquête ottomane : mais l'insertion de l'arc (construit en briques), au niveau des briques du mur Anthémien est un témoignage irrécusable de son origine byzantine, témoignage que confirme d'ailleurs la comparaison avec le système architectonique des portes d'entrée des tours avoisinantes. De plus au-dessus de la voûte se trouve l'aigle byzantine en marbre, emblème, qui certainement n'y aurait pas été fixé par les Turcs. Ils l'ont laissé subsister, de même qu'ils ont respecté les représentations figurées dans les églises converties en mosquées.

22) Le château des Sept-Tours doit sa forme actuelle au conquérant ; il est cependant probable que cette forme ne diffère pas trop de celle qu'il avait à l'époque byzantine, où il était appelé Κυκλόβιον (¹) (Château de Kalojean des pèlerins russes). En dehors de la Porte d'Or se trouvait le couvent des Abrahamites, dédié à la Vierge Ἀχειροποίητος, dont il ne subsiste plus aucune trace. Il servait de pied-à-terre aux empereurs, avant qu'ils fissent leur entrée triomphale par la Porte Dorée (²).

A l'intérieur de la ville se trouvait le célèbre couvent de Saint-Diomède, probablement à la place du jardin qui touche immédiatement au gazomètre construit dernièrement ; c'est là qu'on a découvert, il y a deux ans, des colonnes en marbre de dimensions extraordinaires. Non loin de cette place, nous reconnaîtrons dans la tour de marbre (Mermer Koulessi), au bord de la mer, la prison mentionnée par Nicétas Acominatus (³). La tradition actuelle consi-

---

1. Théophan. E. B. 414.
2. Const., *De Cærim.*, 108.
3. Théophan., I, 785.
4. Théophan., I, 541.
5. *Chron. Pasch.*, p. 719.
6. Βασίλειος διὰ τῶν μεγάλων πυλῶν τῆς χρυσῆς πόρτας ἐθριάμβευσεν. Cedren., II, p. 475.

1. Cedren., II, 18.
2. « Νικήφορος ὁ Φωκᾶς τῶν τριηρῶν ἐπιβὰς τῇ τῶν « Ἀβραμιτῶν ἥν καὶ Ἀχειροποίητον ὀνομάζουσιν μονῇ προ- « σέσχε ». Leo Diac., éd. Bonn, p. 47. 48. Ἀβραμιαῖόν. Théoph. I, 686.
3. 347, 5 : (ἡ δεσποῖνα) εἰς τὴν του ἀγίου Διομήδους μονὴν περί τινα ἐκεῖ που στενωτάτην οὖσαν εἱρκτὴν ἀνηλεῶς ἀπάγεται — p. 349 : Καὶ τὴν μὲν τὸ γλυκερὸν φάος καὶ καλὸν ὅραμα ἀνθρώποις εἶχεν ἡ ἐκεῖ που ἀκτὴ τῇ ψάμμῳ καταχωσθεῖσαν.

dère la tour de marbre comme prison des Byzantins et montre encore l'ouverture par laquelle on jetait les corps des suppliciés dans la mer ; ceux qui visitent les souterrains près de cette tour, pourront se convaincre de l'exactitude de la description donnée par Nicétas : στενωτάτην οὖσαν εἰρκτήν.

Entre la porte des Sept-Tours et celle de Sélymbria se trouve la seconde porte militaire, complètement murée aujourd'hui. M. Paspati la considère comme l'ancienne porte de Rhegium : mais nous avons pu nous convaincre qu'elle ne porte aucune trace de l'inscription qu'elle devait avoir selon l'anthologie ; c'est la Nouvelle Porte actuelle (Yeni Mevlevihané Kapoussi), qui est décorée du distique de l'anthologie.

23) L'identité de Silivri Kapoussi avec l'ancienne Πύλη τῆς Σηλυμβρίας sive ζωοδόχου πηγῆς, *Porta Pegana*, est prouvée par l'inscription qui se trouve sur la façade est de la tour méridionale anthémienne de cette porte et qui doit être lue de la manière suivante :

✝ ἀνεκαινίσθη ἡ
θεοσόστος πύλη, αὕτη
τῆς ζωοδόχου πηγῆς διὰ
συνδρομῆς καὶ ἐξόδου
Μανουὴλ Βρυεννίου τοῦ
Λεοντάρι πιστοῦ βασιλείας
τῶν εὐσεβεστάτων βασιλέων

Ἰωάννου καὶ Μαρίας
τῶν παλαιολόγων
ἐν μηνὶ Μαΐῳ
ἐν ἔτει ςλμς (6946 = 1438)

« Cette porte de la Fontaine vivifiante, protégée par Dieu, fut réparée avec le concours et aux frais de Manuel Bryennios Leontari, le loyal serviteur de l'empire des très-pieux empereurs Jean et Marie Paléologue, au mois de mai 6946. »

Manuel Bryennius Léontari est probablement le même qui est mentionné dans les relations du dernier siège de Constantinople comme le défenseur de la porte de Charisius [1].

Le second mur, de Cyrus Constantin, a été restauré pour la dernière fois par Jean Paléologue. La porte de Sélymbrie offre la date de mai 1438. Sur le même mur, entre cette porte et la porte des Sept-Tours, nous rencontrons trois autres inscriptions, qui en parlant de cette même restauration ont les dates : avril 1439, juin 1440, et près de la porte des Sept-Tours : 1444. Une inscription analogue sur la tour, aujourd'hui démolie, située en face de la porte Pempti, donne la date de 1431 ; entre la neuvième et la dixième tour (en partant de Yeni Mevlevihanè Kapoussi) l'inscription donne la date d'octobre 1438; entre la dixième et la onzième tour : janvier 1438 ; et à côté de Silivri Kapoussi : juin 1438. Ainsi donc ce mur, qui avait été élevé par le préfet Cyrus Constantin « gemino nec mense peracto », les Paléologues ont mis treize années entières, de 1431 a 1444, à le compléter.

24) Au nord de la porte de Sélymbria se trouve la troisième porte militaire. La forme particulière des murailles rappelant, à cet endroit, celle du *Sigma* byzantin, a frappé tous les observateurs, et l'on a cherché en vain à expliquer les motifs qui ont amené

---

1. Zorzi Dolfin : Leondario Brion. Müller et Miclosich, tome II, p. 401 Βρυέννιος Λεοντάρης κεφαλῆ Σηλυβρίας anno 1400.

les constructeurs à donner au mur cette inflexion. Il paraît qu'on ne doit pas en chercher la raison dans les préceptes de l'art des fortifications, mais plutôt dans cette circonstance, que cette porte, aujourd'hui presque détruite, se trouve tout à fait en face de l'ancien palais et sanctuaire de la Ζωοδῶχος πηγὴ : les autres portes militaires se trouvent plutôt au milieu entre les grandes portes civiles, tandis que celle-ci est presque contiguë à la porte civile de Sélymbrie. Il est donc probable, qu'elle servait comme porte d'entrée réservée exclusivement aux empereurs lors de leurs processions solennelles au sanctuaire de la Πηγὴ, et que c'est pour cette raison qu'elle aura été placée si près de la porte civile. Le quartier voisin de cette porte est appelé « *Sigma* », et mentionné très souvent dans l'histoire byzantine [1].

La troisième porte civile, aujourd'hui Yeni Mevlevihane Kapoussi, se distingue des autres portes par le grand nombre d'inscriptions qu'elle nous a conservées. La plus importante est celle qui est au-dessus de la porte du mur de Cyrus Constantin, et qui se retrouve dans l'anthologie avec le titre εἰς τὴν πύλην Ῥηγίου, circonstance qui justifie l'identification avec l'ancienne porte de Rhegium. Une autre particularité de cette porte, est que sept colonnes en marbre teint en rouge, qui justifient le nom de Porte Rouge, l'encadrent : on la nommait aussi porte de la Faction rouge, qui, d'après la tradition, avait construit avec les autres Factions le second mur Théodosien. Le nom de Πόρτα τοῦ Ῥουσίου nous a été conservé par Théophane [2]. — Le nom de la Faction

Rouge disparut avec celui des autres, et le nom de Porta Rousii se transforma facilement en Πόρτα Ρησίου, Ρηγίου; mais des inscriptions sur les tours et les murs contiennent des témoignages vivants de leur concours à la construction des lignes de défense. A l'intérieur de la porte, par exemple, on reconnaît facilement, par l'inscription suivante, que le nom de la Faction a été enlevé par le ciseau :

✠ ΝΙΚΑΗΤΥΧΗ   ✠ Νικᾷ ἡ τύχη
ΚΩΝCΤΑΝΤΙΝΟΥ ΤΟΥ ΘΕΟ   Κωνσταντίνου τοῦ Θεο,
ΦΥΛΑΚΤΟΥ ΗΜΩΝ ΔΕCΠΟΤΟΥ
     φυλάκτου ἡμῶν δεσπότου
✠ //////////////////////// ✠   ✠ (καὶ τῶν Ῥουσίων) ✠

« Victoire à la fortune de Constantin, notre seigneur, protégé par Dieu et par la faction des Rouges. »

25) Le nom de Πόρτα Μελαντιάδος, Μελανδησία πύλη paraît avoir été plus en usage. Un B sculpté sur le chapiteau d'une des colonnes rouges rappelle un passage des *Synaxaria* (25 oct.) [1].

Entre cette porte et celle de Saint-Romain (Top Kapoussi) nous rencontrons la quatrième porte militaire : près de celle-ci dans le second mur se trouve un fragment d'inscription, dont l'explication erronée a amené le docteur Dethier à des conclusions peu justifiées. Elle provient sans aucun doute d'une église du voisinage, dont les ruines auront servi lors de la restauration de Jean Paléologue à réparer cette partie des murs :

ΚΑΙΠΡΙΝΜΕΝΗΝΠΑΝCΕΠΤΟCΟ
ΕΩΡΓΙΟCΕΤΕΥCΕΝΕV

Καὶ πρὶν μὲν ἦν πανσεπτος ο(υτος ὁ νάος)
Γεώργιος ἔτευξεν εὐ(τελὴς....)

« Au paravant déjà [cette église] était vénérée par tous... Georges, l'homme pieux construisit... »

---

1. Const., *De Cærim.*, p. 504, sqq. Entrée triomphale de Théophile : εἰσερχομέ νῳ τὴν μεγάλην Χρυσῆν πόρταν - καὶ διοδεύσας ἀπὸ τῶν ἐκεῖσε, διὰ τοῦ σίγματος καὶ τῆς πρὸς τὸν ἅγιον Μώκιον κτλ. Synax Κθ octobre ὑπῆγεν εἰς τὸ Βυζάντιον κατὰ τὰ μέρη τοῦ Σίγματος. Cedr. II, 540. Σίγμα ἄνωθεν τῆς περιβλέπτου. Joël, 62, 22. τούτου τῆς μονῆς του Στουδίου ἀφαρπάσαντες ἄγουσιν κατὰ τὸν τόπον τὸν λεγόμενον Σίγμα.

2. I. 355. (Sous Justinien) ἄνεμος Λίψ φοβερὸς... ὥστε πεσεῖν τὸν σταυρὸν τὸν ἔσωθεν ἱστάμενον τῆς πύρτης τοῦ

Ῥουσίου. Theoph. I, 357. Κατέπεσον δὲ —— καὶ πολλὰ θυσιασθηρία ἐκκλησιῶν καὶ κιβώρια ἀπὸ τῆς Χρυσῆς πόρτης ἕως τοῦ Ῥουσίου —— τὸ δὲ Ῥήγιον κατέπεσεν ἕως ἐδάφους.

1. Καὶ θάπτονται ἐν τῇ Μελανδησίᾳ πύλῃ τοποθεσία τοῦ Δευτέρου.

L'identité de la quatrième porte civile, Top Kapoussi, avec l'ancienne πύλη τοῦ ἁγίου, Ῥωμανοῦ « la porte que l'on apelle la porte Roumaine » (Rob. de Clary), ne peut être contestée par personne. C'est d'ici que la septième colline descend dans la vallée du Lycus. Deux tours après l'entrée du Lycus s'ouvre la cinquième porte militaire, qui a conservé son nom de Πύλη τοῦ Πέμπτου pendant tout le cours de l'histoire byzantine. Au-dessus d'elle se trouve la seconde inscription latine des murs :

PORTARVM VALI ✠ DO FIRMAVIT LIMINE MVROS

PVSAEVS MA ✠ GNO NON MINOR ANTHEMIO

C'est-à-dire, que « Pusaeus » émule du grand Anthémius a renforcé les murs des « portes (militaires) d'un seuil solide ». En effet, toutes les portes militaires ont le même encadrement en monolithes de basalte, qui ont résisté jusqu'à nos jours aux injures des siècles. Les caractères latins, surtout le D du « valido » sont ceux de l'époque de Théodose II et se rencontrent aussi sur les bulles de plomb de la même époque. D'après la chronique en vers il y avait près de là une église de Sainte-Kyriaki ([1]), qui est mentionnée aussi dans la description presque photographique de Cananas ([2]). Près de cette porte on a démoli une tour, qui était bâtie avec des dalles funéraires d'un cimetière de *Federati* (de 925-1015) ; l'histoire d'Alexis Comnène ([3]) explique suffisamment la présence de ces dalles de marbre à cet endroit, car de tout temps cette partie des murs était gardée par des *Nemitzi*, ou des *Keltoi*.

III.
La porte de Charisius.

26) L'EMPLACEMENT véritable de la Porte de Charisius qui, à l'époque Byzantine, a été le théâtre de luttes sanglantes pendant la plupart des sièges de Constantinople, est toujours resté l'objet des plus vives controverses, et jusqu'à ce jour l'accord n'a pu s'établir à ce sujet entre les érudits qui se sont occupés de la topographie de l'ancienne Constantinople. Leunclavius, Gilles, le patriarche Constantin et en dernier lieu le docteur Paspati considèrent la porte d'Egri Kapou comme l'ancienne Porte de Charisius, tandis que feu mon père et le docteur Déthier, ayant reconnu l'incompatibilité de cette opinion avec certains passages des auteurs, la cherchaient plus au sud dans la vallée du Lycus, entre le Top Kapoussi et Edirné Kapoussi. M. C. Müller dans son édition de Kritobulos rejette les deux hypothèses et se prononce pour Edirné Kapoussi.

Dans ce conflit entre des autorités aussi sérieuses, il est bien difficile de faire un choix définitif entre des opinions aussi diverses et toutes appuyées d'aussi bonnes raisons. Il devient absolument nécessaire de consulter de nouveau les témoignages des auteurs byzantins, qui, malgré leurs expressions, souvent vagues et contradictoires, restent les seuls arbitres définitifs de la question.

Les textes du curopalate Codin ([1]), des *Patria* et de Michel Aichmalotès ne contiennent aucune indication topographique :

---

1. (πύλην ἐάσας ἀνοικτὴν τὴν ποτάμου πλησίον — Εἰς ἣν τῆς μάρτυρος νάος Κυριακῆς ὁρᾶται.)

2. Cananas, Ed. Bonn., p. 477.

3. Anna Comn., Ed. Bonn., I, 122.

1. Codin (éd. Bonn, page 110.) ἡ δὲ Χαρσίου πόρτα ἐκλήθη ἀπὸ Χαρσίου τοῦ δευτερεύοντος τοῦ μέρους τῶν Βενέτων, ὅτι παρίστατο ἐκεῖσε ὅτε ἐκτίζετο τὸ χερσαῖον τεῖχος. Dans le paragraphe précédent il parle de la porte l'empti, qui se trouve tout près de l'entrée du Lycus.

ils se contentent d'une simple explication du nom de la *Porta Charisii.*

Les auteurs byzantins et latins appellent cette porte : Πόρτα τῶν Χαρισίου.

Χαρσίου πόρτα (CODINUS, *Patria*, THEOPHANES, CEDRENUS, ZONARAS, GLYCAS, NICETAS ACOMINATUS, PACHY-MERES).

Πύλη Χαρσία (*Chron. en vers.* KANTAKOUZENOS)

Χαρσῆ πύλη (CANANAS.)

Χαρσου πύλη (*Acta patriarch.*, DUCAS.)

Χαρισοῦς πύλη (KRITOBULOS.)

Χαρσοῦς πύλη (HIERAX.)

Χαρισοῦ πύλη (DUCAS).

Χερση πύλη (*Hist. politica.*)

PORTA CHARSII, CARISII (*Hist. Miscella.*)

PORTA CHARSAEA (UBERTINUS PUSCULUS.)

PORTA CRESSU (NICOLO BARBARO.)

PORTA CARSEA (ZORZI DOLFIN.)

PORTA DE CARISU, CARSU (*Trad. ital. de Ducas.*)

27) La porte de Charisius apparaît pour la première fois sous le règne de Justin Ier, lors de l'association à l'empire de Justinien Ier, dans un passage de Constantin Porphyrogénète, qui évidemment provient de l'ouvrage de Petrus Magister, aujourd'hui perdu.

« Ἐνδεκάτη τοίνυν του Αὐγούστου μηνὸς ἡμέρᾳ β ἔτους ςλγ « εἰσῆλθεν ὁ εὐσεβὴς βασιλεὺς Ἰουστινιανὸς εἰς Κῶν πολιν περὶ « ὥραν ἀ διὰ τῆς πόρτης τῶν Χαρισίου τῶν συγκλητικῶν καὶ « του ἐπάρχου τῆς πόλεως ἐκεῖσε ἀπαντησάντων δίχα στεφάνων « καὶ ἐλθὼν ἐπὶ τὸ δεύτερον ηὔξατο ἐν τοῖς Ἀποστόλοις.... καὶ « κατῆλθεν ἐπὶ τὸ καπετώλιον — ὡς δὲ εἰσῆλθεν εἰς τὴν « μίσην ὑπήντησαν ..... p. 498, οὕτω γὰρ συνεῖδεν γενέσθαι ὁ « μάγιστρος διὰ τὸ μὴ εἰσέρχεθαι τὸν βασιλέα διὰ τῆς χρυσῆς « πόρτης ([*]). »

« L'empereur fit donc son entrée solennelle dans la « capitale, après avoir reçu les hommages de l'armée « au Tribunal du Hebdomon, en passant par la porte « de Charisius, au lieu de choisir, d'après le cérémonial « usité, la Porte-Dorée ; après avoir accompli ses « secondes dévotions dans l'église des Apôtres, il con-« tinua sa marche par la principale voie (μέση) jus-« qu'au Capitole et au Grand Palais. »

La position de l'église des Apôtres et celle du tribunal *Hebdomi* étant connue, nous devons admettre que la porte de Charisius se trouvait entre ces deux stations, qu'elle devait être une des principales portes de la ville et au bout de la Grande Rue conduisant au temple des Apôtres. Le chiffre de 6033 du texte n'est pas exact ; d'après Muralt, Justinien commença à régner seul au mois d'août 6035 (527), après avoir été couronné en avril de la même année : or le texte ne parlant point du couronnement impérial — Justinien se rend directement du Capitole au Palais sans toucher à Sainte-Sophie — nous pourrions supposer qu'il est question plutôt de sa promotion à la dignité de *Nobilissimus*, faite deux ans auparavant (en 6033) par Justin, si le texte ne l'appelait partout « Βασιλεὺς ». Toutefois, sans en vouloir préciser la date, nous pouvons admettre qu'il s'agit bien d'une entrée solennelle de Justinien, soit après un séjour d'agrément dans le palais des *Jucundiana*, soit après une cérémonie accomplie au Tribunal *Hebdomon*. A l'époque de Justinien, ni le mur Héraclien, qui enfermait les Blaquernes dans la ville, ni le mur de Manuel Comnène, n'existaient encore, et il est hors de doute, que le texte de Constantin Porphyrogénète ne parle point de la porte Egri Kapou d'aujourd'hui.

28) Voici maintenant ce qu'en dit Cédrènu.

« (Ἰουστινιανὸς ὁ Ρινοτμήτος) ἠπλίκευσεν δὲ εἰς τὴν Χαρσίου πόρταν καὶ ἕως τῶν βλαχερνῶν ([1]). — On ne saurait rien conclure de ce récit, si ce n'est que la porte de Charisius n'était pas trop près des Blaquernes, sans en être toutefois trop éloignée.

Constantin Copronyme, ayant été remplacé par Artavasde, essaye de s'emparer de nouveau de la ville et du trône. Théophane ([*])

---

1. Petr. Magist., ap. Const. Porphyrog., et *Chronique en vers*, de Buchon.

2. Const. P., *De cærim. aul. byz.*, éd. Bonn. I, 497 sq.

1. Cedr., I, 780 (éd. Bonn.) cf. Theoph., I, 573, et *Hist. Miscell.*, p. 491 avec les mêmes mots.

2. 645.

rapporte qu'il passa de Chalcédoine à la rive européenne « καὶ ἐλθὼν ἐπὶ τὴν Χαρσίου « πόρταν διέδραμεν ἕως τῆς Χρυσῆς Πόρτας ἑαυτὸν « τοῖς ὄχλοις ἐπιδεικνύων. »

Ce passage indique seulement que la porte de Charisius se trouvait du côté opposé à la Porte-Dorée.

Suivant l'*Historia Miscella* (¹) : « (Leo « Armenius) veniens ad tribunalium ante « urbem positum una cum prætoribus et « exercitibus valde legitimus imperator « ostenditur et die media Constantinopolim « per Carisii portam ingreditur et ad regalia « pervenit. » — Ce passage, bien qu'il présente une certaine analogie avec ce qui était arrivé lors de l'entrée de Justinien Ier doit être exclu des témoignages sur la porte de Charisius, car il est en contradiction absolue avec tous les autres chroniqueurs (²), qui sont unanimes à rapporter que Léon V entra dans la capitale selon les règlements par la Porte-Dorée. Le texte de l'*Historia Miscella* doit être corrigé en « per Auream ou Chryseam Portam ».

29) Depuis cette époque jusqu'au soulèvement des Comnènes contre Nicéphore Botaniate, la porte de Charisius n'est plus mentionnée. Alexis Comnène avec ses frères avait quitté la capitale et revêtu la pourpre hors de la ville à Tzouroulon. Ensuite, ayant reçu des renforts, il s'avance sur la capitale et arrive par le village d'Aretae (Litros?) devant les murs. On décide d'entrer par là, en corrompant les gardes qui étaient composées de différents corps de fédérats. Alexis reconnaît qu'il serait inutile de tenter les Immortels et les Barangiens, vu leur fidélité éprouvée envers l'empereur et le caractère particulier des derniers; il tombe finalement d'accord avec Gilpract, chef des

Nemitzes, qui en effet, facilite l'entrée des Comnènes (¹).

Suivant Anne Comnène (²) : « Καὶ οὕτως « ἅπαν τὸ στρατόπεδον ἐκ ξένικῆς τε καὶ ἐγχωρίου « δυνάμεως ἐκ το αὐτοχθόνων διὰ τῆς Χαρσίου πύλης « εἰς ἐληλύθασιν ἀπανταχοῦ σκεδασθέντες περὶ τε τὰς « λεωφόρους περὶ τε τὰς τριόδους καὶ ἀμφόδους (³). » « Toute l'armée composée de forces étrangères, indigènes et natifs, après son entrée par la porte de Charsios se disperse dans les rues principales et les carrefours. »

Les Comnènes avancent lentement « περὶ « τό πέδιον τοῦ ἁγίου μεγαλομάρτυρος Γεωργίου τοῦ « καλουμένου τοῦ Συκεώτου. » « par la plaine du grand martyr, saint Georges dit le « Sykéote. »

Ils hésitent s'ils doivent continuer leur marche vers le Grand Palais, ou s'ils peuvent saluer auparavant leur mère et leurs femmes, qui lors de leur fuite avaient été enfermées par Nicéphore dans un couvent du Petrion.

30) Enfin suivant Zonaras (⁴) : « ἦσαν δὲ περὶ « τὸν πύργον πρὸς τῇ πύλῃ τῆς πόλεως ἣ Χαρσίου « καλεῖται φυλάσσοντες Νεμίτζοι — ἔωθεν οὖν οἱ μὲν « περὶ τοὺς Κομνηνοὺς τῷ κατ'ἀντίπηρυ τοῦ παρὰ τῶν « Νεμίτζων κατεχομένου πύργου ἐξωτέρῳ τείχει « προσέβαλλον κατὰ σύνθημα — οἱ δ'ἐφεστῶντες αὐτῷ « τοὺς προσβάλλοντας ἔβαλλον καὶ ἀπεῖργον τοῦ « προσιέναι ἀγχοῦ ὡς δ'ὑπὸ τῶν Νεμίτζων ἐκ τοῦ « πύργου οἱ ἐν τῷ τείχει ἐβάλλοντο μὴ οἷοί τε ὄντες « καὶ πρὸς τοὺς ἐκτὸς ἀνθίστασθαί καὶ πρὸς τοὺς « ἐντὸς ἀπομάχεσθαι ἐξ ὑπερδεξίων εἰς αὐτοὺς ἀκον- « τίζοντας ἐνέδωκαν τῆς ὁρμῆς· οἱ δὲ τειχυμαχοῦντες « κλίμαξιν πρὸς τὸ τεῖχος ἀνήεσαν καὶ τὰ κλεῖθρα « τῶν πυλῶν διατεμόντες παρέσχον τὴν εἴσοδον — « ὅπερ ἰδόντες οἱ τὸν ἐντὸς τηροῦντες περίβολον « ἔφευγόν ὅθεν καὶ τὸν ἐντὸς περίβολον οἱ περὶ τοὺς « Κομνηνοὺς προσειλήφασι καὶ τὰς τούτου πύλας

---

1. P. 612.

2. Theoph., I, 784. Theoph. Annat. 18 et Leo Gramm.

1. *Glycas*, 618. Ὁ Ἀλέξιος τὴν βασιλίδα κατέλαβε προδοθεῖσαν αὐτῷ ὑπὸ τῶν ἐν τῇ Χαρσίου πόρτῃ φυλασσόντων Νεμίτζων. « Alexis entre dans la capitale par la trahison des Nemitzes, qui gardaient la porte de Charisios ». — *Romuald*, aº. 1081 de Arnone quodam Alemano scribit, quem Gilpractum nuncupat Anna C, qui dolis acquiescens, per noctem aperuit portam quæ Vulgarorum dicitur. (Ducange, *Ib.* « porta Charsü »).

2. Éd. Bonn., I, 124, 6.

3. *Ibid.*, I, 130.

4. Lib. XVIII, 20.

« ὁμοίως ἀναπετάσαντες βατὴν τὴν πύλιν καὶ τι που
« παρέσχοντο. »

« La porte de Charisios était gardée par les Némitzes. — De grand matin les troupes des Comnènes
attaquèrent d'après la convention (avec les Némitzes)
le mur extérieur vis-à-vis de la tour occupée par les
Némitzes. Les défenseurs du mur extérieur (— qui
n'étaient pas des Némitzes —) tirèrent sur les assaillants et empêchèrent d'abord qu'ils s'approchassent du
mur. Mais lorsque les Némitzes de la tour tiraient de
leur côté sur les défenseurs, ceux-ci durent céder, ne
pouvant plus résister aux assaillants et en même temps
aux traits de ceux qui étaient postés derrière et plus
haut. Les assaillants montèrent alors sur les murs extérieurs à l'aide d'échelles et rompirent les serrures des
portes (— du mur extérieur —), pour faire entrer les
autres Comnéniens. A cette vue, les défenseurs de
l'enceinte intérieure prirent la fuite; les Comnéniens
occupèrent alors l'enceinte intérieure et ouvrirent les
portes de celle-ci. »

La description de Zonaras prouve que
la Porte de Charisius était une porte double,
correspondant à deux murs, qu'il appelle
ἐξώτερον τεῖχος et τὸν ἐντὸς περίβολον; après avoir
escaladé le mur extérieur, les Comnéniens
entrent dans l'espace libre entre les deux
murs (fausse-braie) et parviennent ainsi à
ouvrir la porte du mur extérieur; après quoi
les défenseurs évacuent également le ἐντὸς
περίβολος; la porte intérieure est brisée par
les agresseurs, et l'entrée de la ville s'ouvre
ainsi au gros de l'armée.

31) Cette description serait entièrement
conforme à la disposition des portes du mur
Théodosiaque, si Zonaras n'avait oublié
de mentionner le fossé. Pas un mot du
texte ne parle ni d'un fossé, qui aurait défendu la porte, ni de la façon dont les Comnènes ont pu franchir cet obstacle pour
arriver jusqu'au mur extérieur. La porte
Egri-Kapou du mur de Manuel Comnène,
qui à l'origine n'était qu'une porte simple,
avait été renforcée plus tard par un *propu-
gnaculum* qui s'étendait en forme de carré
d'une des tours latérales à l'autre, et qui
contenait la porte extérieure. Le terrain est
tellement escarpé et rocheux à cet endroit,
qu'il n'admettait à aucune époque la présence d'un fossé. Par conséquent la porte
Egri-Kapou pourrait au besoin répondre à
la description de Zonaras, si l'on pouvait
établir, d'une manière certaine, que ce *pro-
pugnaculum* date d'une époque antérieure
aux Comnènes. Malheureusement ce *pro-
pugnaculum* a disparu depuis quelque temps;
il est donc impossible aujourd'hui d'en ap-
précier *de visu* le caractère architectural.
Mais, admettons même pour un moment
que ce second mur existât déjà à l'époque
dont nous parlons, les témoignages suivants de Nicétas Acominatus et de Pachy-
meris attestent suffisamment la présence
du fossé devant la Porte de Charisius.

Pendant le règne d'Isaac l'Ange, le Grand
Domestique, Alexios Branas, lève l'étendard
de la révolte, comme jadis Alexis Comnène.
Il part d'Andrinople, et, arrivant devant
les murs de Constantinople, il établit son
quartier général dans le palais suburbain
de Philopation : Alors selon Nicétas [1] :

« Τὸν στρατὸν ἐπὶ ταῖς χερσαίαις πύλαις ἀντιτάξας
« αἵ τοῦ Χαρσίου λέγονται εἰς δεξιὸν καὶ εὐώνυμον
« κέρας αὐτὴν διαιρεῖ καὶ τὸ μέσον αὐτὸς ἐπέχων τῆς
« φάλαγγος, ἐφίησι τοῖς ἐκχεομένοις τῆς πόλεως
« στρατοῖς συμπλέκεσθαι. »

« Il met son armée devant la porte terrestre dite de
Charisius, en la divisant en aile droite et gauche,
lui-même restant à la tête du centre, et il attaque les
troupes qui sortent de la ville. »

32) Isaac l'Ange n'imite pas l'exemple de
Nicéphore Botaniate ; il organise une ré-
sistance vigoureuse : « οὐδὲ γὰρ μόνον ἐντὸς
« τῶν πυλῶν τῆς πόλεως ... ὑπερπονοῦν ἑαυτοῦ
« κατεμέρισε ὁ βασιλεὺς, ἔστι δ'ὃ καὶ τῶν τειχῶν
« ἄνωθεν ἐπέταξεν ἐφεστάναι, ἀλλὰ καὶ μέρος ἀπο-
« διελόμενος ἐπέτρεψεν ἐπεχθέειν ἔξωθεν ἐκαστάτω
« τῆς τάφρου καὶ τοῖς πολεμίοις ὡς ἐνὸν ἀντιφέρεσθαι
« εἰ δέ γε κάμωσιν ἐπιβρισάντων τῶν ἐναντίων
« προσρύεσθαι παρῄνει τοῖς τείχεσιν ὅπως οἱ τῶν
« πυργοβάρεων ἄνωθεν αὐτοῖς ἐπαμύνωσιν. »

---

1. Ed. Bonn, p. 493.

« L'empereur n'oblige pas ses troupes à rester inactives derrière les portes de la ville ou à se tenir seulement sur la hauteur des murs : mais il en dirige aussi une partie au dehors des deux côtés *du fossé* pour attaquer l'ennemi autant que possible et se retirer sous les remparts au cas où l'ennemi les fatiguerait et les harcèlerait, et pour être défendues par les troupes disposées sur les tours. »

L'empereur ordonne donc ainsi à la garnison d'aller au-devant des attaques dirigées par l'ennemi contre la porte de Charisius ; de passer le fossé et de se retirer en cas de fatigue sous les murailles pour être abrités par les défenseurs des tours.

Pachymères (¹) raconte le retour d'Andronic II, Paléologue, de Thessalonique ; il est reçu par la population de la capitale hors de la ville. « Ἡ δὲ πόλις πᾶσα καθάπερ
« ῥεεῦμα ποτάμιον ἀπὸ διαφόρων πηγῶν τῶν ἰδίων
« οἰκιῶν εἰς ἕν συνελθοῦσα ἔξω πυλῶν τῶν τοῦ
« Χαρισίου ἐχέετο (²) — πλήθους ὄντος ἀπείρου συμ-
« ποδισθείς τις ἐμπίπτει τῇ τάφρῳ καὶ ἐν χρῷ τοῦ
« κινδύνου γίνεται. »

« La ville entière se portait en masse à sa rencontre comme un fleuve réunissant les affluents de tous les côtés, sur un point en dehors de la porte de Charisius ; dans la mêlée un homme tomba dans le fossé et courut grand danger de périr. »

En présence de ces deux passages, il est parfaitement admissible de reconnaître dans la description de Zonaras une porte du mur Théodosiaque, défendue par une double rangée de murs et un fossé : il ne peut guère être question d'une porte du mur Héraclien ou de Manuel Comnène, qui n'était pas garni d'un fossé. La *Xyloporta* n'avait ni double mur ni fossé ; la porte des Blaquernes ouverte sur le mur Héraclien et Léonin avait bien un fossé à l'époque de Constantin Monomaque, mais il ne peut en être question : Egri-Kapou n'a jamais eu de fossé.

33) Il ne reste qu'à chercher comment les Comnènes ont pu franchir le fossé. Zonaras dit expressément que l'attaque du second mur a commencé « ἕωθεν », dès l'aube. Le passage du fossé a donc été effectué avant l'aube. Nous voyons par le récit de Zonaras, qu'outre les Némitzes qui gardaient les tours, il y avait dans la fausse-braie des défenseurs étrangers à leurs corps, sur lesquels, pendant le petit combat, ils tiraient sans scrupule. C'étaient probablement des miliciens, des volontaires, des habitants de la ville, qui, d'après Anne (¹), voyant le découragement manifeste de Nicéphore, donnaient gain de cause à Alexis. Dans ces circonstances, le passage du fossé avant l'aube ne présentait pas trop de difficultés.

Du reste, l'attaque de la porte d'Egri-Kapou n'aurait pas été d'une grande utilité pour les Comnènes. Dans le cas le plus favorable, une fois entrés, ils se seraient heurtés au mur Théodosiaque, qui descend du palais de Constantin jusqu'au château des Blaquernes. Une grande partie de ce mur qui continue, dans l'intérieur de la ville, jusqu'au Handzerli Hamam, le mur extérieur de Tekfour Seraï — mur de Cyrus Constantin — est encore debout ; il passe environ à deux cents pas à l'est d'Egri-Kapou. Avant même de parvenir jusqu'à cette seconde enceinte, les Comnènes auraient été infailliblement attaqués par les Varangiens et les Immortels, qui formaient la garnison du château des Blaquernes.

Alexis avait choisi avec raison la porte de Charisius qui, comme il résulte du passage cité plus haut de Petrus Magister, lui ouvrait la principale rue de la ville et le conduisait directement par le plateau des six collines aux points dominants, l'église des Apôtres, le *Philadelphium* et le Forum Tauri.

34) D'après Anne C., (²) les Comnènes,

---

1. II, 290.
2. P. 291.

1. Anna, I, 118-21.
2. I, p. 130.

après l'entrée par la porte de Charisius et avant d'arriver au *Philadelphium* (Schehzadé baschi), s'arrêtent un moment sur le plateau de Saint-Georges le Sycéote. Cet endroit n'est mentionné nulle part dans les auteurs byzantins ; mais on peut s'assurer encore de nos jours qu'il n'existe point dans le voisinage d'Egri-Kapou une conformation de terrain à laquelle on puisse appliquer le terme de πέδιον, mais qu'on la constate seulement sur le plateau entre la porte d'Andrinople et l'église des SS.-Apôtres.

MM. Joseph Müller et Buchon ont publié une paraphrase métrique de Nicétas Acominatus, qui ne remonte pas au-delà de l'époque d'Andronic II Paléologue. L'auteur inconnu a intercalé dans son récit un épisode qui, tout en étant d'un caractère purement mythique, renferme des données topographiques intéressantes au plus haut degré. Il rapporte que pendant le règne de Baudouin

« . . . . τοῦ τροπαιοφόρου
« Περιβόητου μάρτυρος ἐγέρθη Γεωργίου
« Δόμος ὁ καλλιστότατος πρὸς πύλην τὴν Χαρσίαν »

« un magnifique temple était érigé en honneur du célèbre martyr saint Georges, près de la porte Charsia »; l'empereur latin, craignant une surprise de ses antagonistes de Nicée, avait fait fermer toutes les portes de l'enceinte fortifiée de Constantinople excepté une :

« Πύλην ἔασας ἀνοικτὴν τὴν ποταμοῦ πλησίον
« Εἰς ἣν τῆς μάρτυρος ναὸς Κυριακῆς ὁρᾶται »

« laissant ouverte seulement la porte près du fleuve où l'on voit l'église de la sainte martyre Kyriaki. »

C'est la porte, aujourd'hui presque détruite, qui se trouve entre la porte de Top-Kapou et d'Andrinople, appelée autrefois πύλη Πέμπτου. Elle porte l'inscription bien connue du consul Puseus. Cette porte, sur les cartes turques, est désignée sous le nom de Hedjoum Kapoussi « la porte de l'Assaut ».

35) Baudouin, continue le chroniqueur, sort presque chaque jour de cette porte pour faire le tour des murailles et inspecter les environs; un jour à une de ces excursions

« Καὶ τὴν ὁδὸν ἐρχόμενος τὴν φέρουσαν πρὸς πύλην
« Εἰς ἣν ὁ μάρτυς ἵσταται κλειδοῦχος Χαρισίου
« Τὸν θαυμαστὴν ἐν μάρτυρι ἔβλεψε στρατιώτην
« Κατ' ἔμπροσθεν βαδίζοντα καὶ φθάνοντα πρὸς πύλην,
« Τοῦ Χαρισίου »

« suivant le chemin de la porte de Charisius où est posté le saint tutélaire, il voit devant lui l'admirable guerrier martyr marchant vers la porte de Charisius »

où le chevalier disparaît. Cette apparition mystérieuse se répète à plusieurs reprises ; finalement, l'empereur appelle le moine gardien de la statue miraculeuse de saint Georges dans la porte :

. . . καὶ προσέταξε
« τῷ θείῳ μάρτυρι ναὸν ταχίστως ἀνεγεῖραις (¹) »
« et lui ordonne d'ériger une chapelle au saint ».

Un second miracle du grand saint de la porte de Charisius, est rapporté aussi par Pachymère (²).

Je ne me rappelle pas d'avoir lu dans les auteurs byzantins une mention de cette église ou couvent de Saint-Georges, près ou dans la porte de Charisius. Seul le pèlerin russe, Antoine de Novgorod, qui visita les sanctuaires de Constantinople au XIIe siècle, raconte que non loin de l'église de Saint-Jean-Baptiste (ἐν Πέτρᾳ) se trouve le couvent de Saint-Georges, où repose saint Théodore le Syciote dans un tombeau d'argent : « On « y voit, dit-il, la croix, que surmonte un « bâton de fer, dont il se servait en allant « prier saint Georges sur la montagne ; ainsi « que son calice de marbre, qui guérit les « malades quand ils y boivent de l'eau (³). »

36) Dans la *Constantiniade* (⁴) du patriarche Constantin, il est dit textuellement, sans

---

1. Jos. Müller, *(Sitz. d. phil. hist. Klasse d. Wiener Akademie. VII Band II, July 21 1852) byzantinische Analekten.*

2. « Καὶ αὖθις εἰ τοῖς Χαρσίου αἷμα τῆς εἰκόνος τοῦ λαμπροῦ ἐν μάρτυσι λάμποντος Γεωργιου δαψιλῶς ἀνέβλυζε ». II, 82, 6.
« De nouveau le sang jaillissait abondamment de l'image de saint Georges dans la porte de Charisius. »

3. *Exuviæ C. P.*, II, p. 227. — Antoine de Novgorod, dans *Itinéraires russes en Orient*, Genève, Fick, 1889, in-8°, p. 104.

4. 2ᵉ édit., 1844, p. 143.

autre indication de la source d'où est tirée cette tradition :

« ιϚ Ἅγιος Γεώργιος εἰς τὸ Ἐδρενέκαπουσὶ ἐπειδὴ καὶ
« προςταγῇ ξουλεΐμαν τοῦ Α τῷ 1556 ἔτει ἡ θυγατὴρ αὐτοῦ
« Μιχρι Μαχ λαβοῦσα τόν αὐτόσε ποτε ἀρχαῖον ναὸν τοῦ ἀγίου
« Γεωργίου πλησίον τῆς Πολυανδρίου πύλης ποτε καὶ ἦδε τῆς
« Ἀδριανου πόλεως καὶ καταρρίψασα αὐτὸν ἀνήγειρεν εἰς τὸν
« τόπον αὐτοῦ τὸ ἤ δη ὁρώμενον μέγιςτον τέμενος. ὡς προερ-
« ρήθη ἐδόθη ἄδεια καὶ ἐκτίσθη οὐ μάκραν τούτου ὁ τοῦ ἀγίου
« Γεωργίου ναὸς ξυλοστέγαςτος. »

« Saint Georges d'Edrené Kapoussi. Par ordre de S. Suleïman I, en 1556, sa fille Mihri Mah ayant pris possession de l'ancienne église de Saint-Georges près de la porte Polyandrii et maintenant d'Andrinople, la fit abattre et construire à sa place la grande mosquée qu'on y voit aujourd'hui. On permit aux Grecs de construire non loin de là une autre église de Saint-Georges avec un toit en bois. »

En combinant ces différents renseignements, depuis le πέδιον de saint Georges le Syciote de l'*Alexiade*, jusqu'aux indications du patriarche Constantin, on peut trancher tout de suite la question de l'identité de la porte de Charisius avec celle d'Andrinople, mais chacun de ces témoignages pris isolément, n'est pas assez positif et clair, et le vénérable patriarche a omis de fournir la preuve de ses assertions. Aussi est-il seulement permis de conclure de ces textes, que saint Georges était le saint tutélaire de la porte de Charisius, et que la porte de Sainte-Kyriake près du Lycus n'est pas identique avec la porte de Charisius.

Nous trouvons encore deux mentions avant les sièges de Constantinople par les Turcs, de la porte de Charisius dans les auteurs, sans qu'ils nous apprennent rien de nouveau sur sa position.

Voici ces textes ([1]) :

« Ὁ Βασιλεὺς δὲ αὖθις ἦκεν εἰς Βυζάντιον πανστρατιᾷ καὶ πρὸ
« τῆς Χαρσίας πύλης οὐκ ὀλίγον διετέλεσεν ἑστὼς — ἐπεὶ δὲ
« οὐδεὶς ἀτεπεξήει κτλ. »

« L'Empereur vint de nouveau avec toute l'armée à Byzance et s'établit non loin de la porte de Charisius pour quelque temps — voyant que personne ne venait à sa rencontre, etc. »

1. P. 462. Ed. Bonn de Phrantze.

37) Dans un document de l'année 1400 il est question d'un κτῆμα τοῦ Περδικάρη τὸ ἐν τῇ χαρσοῦ πύλη ([2]).

« La propriété de Perdicari à la porte de Charisius. »

Dans le récit fait par Kananas, du siège de Constantinople, par le sultan Murad en 1422 ([2]), il est de nouveau fait mention de la porte de Charisius. Le sultan Murad avait établi sa principale batterie devant un endroit de l'enceinte, situé près de l'entrée du Lycus, où le fossé était très peu profond et où, en outre, se trouvait une tour μὲν σεσαθρά-μενος καὶ ἐσχισμένος ἀπὸ ἄνωθεν ἕως κάτω.

« en ruines et fendue de haut en bas ».

M. le docteur Paspati dans ses *Études byzantines* ([3]) a consacré une page des plus remarquables à cette partie des murs ; il prouve avec toute l'évidence nécessaire que le fossé était toujours rempli d'eau, bien que de très faible profondeur, et que cette tour était encore visible il y a peu d'années. Kananas fixe la position de cette tour :

« Πλησίον Κυριακῆς τῆς ἀγίας μέσον Ῥωμανοῦ τοῦ
« ἀγίου καὶ τῆς Χαρσῆς τε τὴν πύλην καὶ πλησιέστερον
« τούτων εἰς τὸν ποταμὸν τὸν ἐπονομαζόμενον Λύκον ».

« Cet endroit, ce fossé et cette tour étaient près de Sainte-Kyriaki, entre les portes de Saint-Romain et de Charisius, et plus près encore du fleuve Lycus que de celles-ci. »

Ceci confirme d'abord que la porte de Sainte-Kyriake n'est pas celle de Charisius, mais le point capital est le rapprochement de la porte de Saint-Romain avec la porte de Charisius ; l'auteur devait choisir naturellement deux points de repère aussi voisins que possible de l'endroit dont il voulait fixer l'emplacement. Ayant nommé d'un côté la porte de Saint-Romain, il devait prendre du côté opposé la porte d'Andrinople, point indiqué par la conformation

1. P. 9 et 10.
2. Kantakouz, II, 525.
3. Müller et Miclosich, *Act. patr.* II, p. 373.

naturelle du terrain, et sans doute, aussi généralement connu que la porte de Saint-Romain. Il serait au moins très étonnant qu'il eût choisi l'Egri-Kapou, dont la distance du point à fixer — la porte de Ste-Kyriaki — est trois fois plus grande que celle de la porte d'Andrinople, et qui en plus ne se trouve point en vue de la vallée du Lycus.

38) Avant de procéder à l'examen du dossier de la porte de Charisius pendant le dernier siège, résumons les principaux points établis par les témoignages précités.

1° La porte de Charisius existait déjà avant la construction du mur Héraclien.

2° Étant garnie d'un fossé et passant par un mur extérieur et intérieur, elle doit être mise au nombre des portes du mur Théodosiaque.

3° Elle est différente de la porte Sainte-Kyriake ou Pemptou, située dans la vallée du Lycus.

4° Les documents hagiographiques militent en faveur de son identité avec la porte d'Andrinople.

Passons aux indications contenues dans les *Chroniques* de Zorzi Dolfin et d'Ubertinus Pusculus, sur la distribution des défenseurs de la ville sur le parcours de l'enceinte terrestre. Ces deux listes présentent un accord parfait et offrent l'avantage de garder strictement l'ordre topographique en énumérant les différentes portes du Sud au Nord.

Zorzi Dolfin.	Pusculus.
1 Porta Aurea verso mar major	1 Aurea p.
2 P. Pagea.	2 P. Pegaea.
3 P. de Sancto Romano	3 P. divi Romani
P. Carsaea	P. Charsaea
4 P. del Palazo regia	4 P. Regia celsa.
5 P. Calligaria	5 P. Calygaria
6 P. Xilina apprésso il porto.	6 P. Xilina.

Défenseurs :	
1 Andron. Cantacusino	1 Cat. Contarini..
2 Nicola Guideldi	2 Batista Gritti
Giov. Cantacusino	3 Longini (Giust).
3 Leontari Bryennios	4 Fabriz. Cornero.
4 Geronlmo Minotto.	
5 Em. Guideldi.	
6 Eman. Paleologo.	

39) Dans ces deux listes on énumère d'abord les quatre portes principales du mur Théodosiaque, en commençant par la Porte Dorée (Jedi Koulé), et en terminant par la Porte de Charisius. Les portes comprises dans le mur Héraclien sont : le palais impérial des Blaquernes, la porte des Caligaria (Egri-Kapou) et *Xiloporta*. Donc la *porta Charisii* est la dernière porte principale du mur Théodosiaque; elle n'est identique ni à la porte Kyriake, ni à la porte des *Caligaria* du mur de Manuel Comnène; par conséquent c'est la porte appelée aujourd'hui Edirné-Kapoussi. Il faut continuer à compulser les historiens du dernier siège pour voir s'il ne surgit pas quelque contradiction, et s'il est dès lors possible d'établir une concordance entre les différents témoignages.

D'après Nicolo Barbaro (1), il n'y avait du côté de la terre que quatre portes, dont la garde et les clefs étaient confiées aux gentilshommes vénitiens de la manière suivante :

« La prima porta oue sun la cresca a Catarin Contarini — (Porte Dorée).

« La segunda porta a Fabruzi Corner (d'après le texte de Zorzi Dolfin et Pusculus c'est la porta Charisæa qui fut gardée par Fabruzi Corner).

« La terza porta Elpigi à Nicolo Mozenigo.

« La quarta porta e ultima, che son el palazo del ill. imperador a S. Dolfin.

40) Nicolo Barbaro, qui rédigea son journal longtemps après les événements, a oublié la situation relative des portes. Il est

---

1. *Giornale dell'assedio di Constantinopoli*, Vienna, 1856, p. 16.

évident que sa troisième porte Elpigi devait occuper la seconde place, immédiatement après la Porte Dorée, sa seconde porte étant en réalité la troisième.

« El serenissimo imperador si se mosse « dal suo palazzo et andò a star a le mure « da la banda da tera a una porta la qual se « chiama Cressu (Charsia), la qual porta si è « più debele che porta niuna de la tera ([1]) ».

D'après les autres historiens l'empereur Constantin prit son quartier général à côté du Génois Giov. Giustiniani, non loin de la porte de Saint-Romain. Léonard de Chio ([2]) dit :

« Juxta (Johanni Justiniano) ergo se « eodem capitaneo… circa illam partem « murorum Sancti Romani reparatorum ubi « magis urgebat pugna, imperator stetit. » Phrantzès place également Giustiniani près de la porte de Saint-Romain. L'erreur de Nicolo Barbaro, qui quelques lignes auparavant avait énuméré les défenseurs de la « *segunda porta* », s'explique par l'omission de la porte de Saint-Romain à la page 16, car plus tard ([3]), il raconte que, « da la banda « de San Romano dove che iera el pavion « del serenisimo imperador », en corrigeant ainsi sa première indication. D'ailleurs un pareil quiproquo, significatif pour l'emplacement de la porte de Charisius, est commis aussi par Hiérax ([4]) qui tout simplement déclare la porte de Charisius identique à celle de Saint-Romain :

ἀφ᾽ οὗ δὲ τὸ πρὸ τῆς Χαρσοῦς τεῖχος κατεχαλάσθη τοῦ νῦν ἁγίου Ῥωμανοῦ ἥν Τόπκαψι καλοῦσιν… κτλ. —

« Après la destruction du mur devant la porte Charisius, maintenant de Saint-Romain, qu'ils appellent Topkapsi. »

41) La liste de Léonard de Chio n'observe point d'ordre topographique ; il parle de la partie des murailles de Saint-Romain, « Porta Pighi, Caligarea, Aurea Porta et « adjacentes turres, palatium imperiale Xilo- « porta et turres Aveniades. » Il ne dit rien de la porte de Charisius ; mais il ajoute que les frères Paolo Troilo et Antonio de Bochiardi défendaient les murs « in loco arduo Miliandri, quo urbs titubabat ». — Phrantzès ([1]) est tout à fait conforme à Léonard de Chio : aussi ne parle-t-il point de la porte de Charisius, mais dit seulement :

« Παύλῳ μὲν καὶ Ἀντονίῳ καὶ Τρωίλῳ τὸ Μυριάνδριον « (ἐμπιστευθη) ὅπου καὶ ἐν ἐκείνοις τοῖς μέρεσιν ἡ πόλις ἦν « ἐπικίνδυνος ».

« On confia à Paul, Antoine et à Troilo le Myriandrion, où la ville était plus menacée. »

Nous avons ainsi deux historiens qui mentionnent le *Myriandrium* sans parler de la porte de Charisius, Pusculus et Nicolo Barbaro, qui ne mentionnent point le *Myriandrium*, mais seulement la porte de Charisius et Zorzi Dolfin, lequel, après avoir désigné les défenseurs de la porte de Charisius, parle aussi des trois frères Buzardi, placés « in loco arduo Miliadro, dove pareva la « città piu debele : » On en pourrait donc conclure que la porte Charisius, défendue par Leontari Bryennius et Fabrizio Cornero, et le *Myriandrium* sont deux choses bien distinctes, ce qui paraîtrait d'autant plus justifié, que le *Myriandrium* n'est spécifié nulle part comme porte, mais plutôt comme partie des murs, *locus arduus*, c'est-à-dire *locus declivis*, κατωφερής. C'est Kritoboulos, l'écrivain, qui donne les détails les plus précis et les plus circonstanciés sur l'ordre de bataille turc devant les murailles, qui va résoudre cette difficulté.

42) Le sultan Mehemed, en arrivant d'Andrinople, fixe son quartier-général, à l'exemple de ses devanciers, Justinien Rhinotmête, Alexis Comnène, Alexis Branas,

---

1. P. 18.
2. P. 934.
3. P. 53.
4. (Chr. en vers, Sathas Μεσαιωνικὴ Βιβλιοθήκη tom. I, p. 611).

1. P. 252, sqq.

Cantacuzène et le sultan Murad là «dove pa-« reva la cità piu debole», « ὅπου καὶ ἐν ἐκείνοις « τοῖς μέρεσιν ἡ πόλις ἦν ἐπικίνδυνος », « où la ville était plus menacée. » Il suffit de parcourir la ligne des fortifications de la capitale depuis Aivan Seraï jusqu'aux Sept Tours, pour se convaincre *de visu*, que c'est la partie comprise entre le palais du Porphyrogénète et la porte de Saint-Romain. La *Caligaria* et les Blaquernes étaient défendues par le mur d'Héraclius et de Manuel, par la tour d'Anemas, une espèce de citadelle et le second mur Théodosiaque continué derrière les murs des Blaquernes ; ces derniers sont d'une solidité qui a résisté au canon de Mehemed. La clef de Constantinople ne se trouve point là, c'est la porte de Charisius : une fois celle-ci entre les mains de l'ennemi, rien ne l'empêche plus de suivre la grande route qui, en traversant le plateau des six collines, embrassait tous les points dominants.

Suivant Ducas ([1]), le sultan Mehemed fixe son quartier général κατέναντι τῆς πύλης τοῦ Χαρισοῦ ὄπισθεν τοῦ βουνοῦ « vis-à-vis de la porte de Charisius derrière la montagne. » Quiconque examine aujourd'hui les environs de la porte d'Andrinople, reconnaîtra immédiatement derrière les cyprès une colline, correspondant à cette description, et qui, en bordant également la vallée du Lycus, offre la vue libre depuis la porte de Saint-Romain jusqu'au palais de Constantin. Cette situation explique aussi comment Critoboulos put dire que le sultan Mehemed campait vis-à-vis de la porte de Saint-Romain.

43) Suivant Critobulos ([2]) Μεχεμέτης στρατοπεδευέται πρὸς τῇ πόλει ἔγγυς που τοῦ τείχους ὅσα ἀπὸ σταδίων τεσσάρων πρὸς ταῖς καλουμέναις πύλαις τοῦ ἁγίου Ῥωμανοῦ ([3]). — Μεχεμέτης δὲ ὁ βασιλεὺς στρατόπεδον Θέμενος αὐτοῦ περὶ τὸ καλούμενον Μεσοτείχιον καὶ τὸ Μυριάνδριον οὐ πόρρω τοῦ τείχους.

« S. Mehemed s'établit devant la ville, à 4 stades du mur, vis-à-vis de la porte de Saint-Romain. — Le sultan s'établit juste devant le centre de la ligne des fortifications près du Μεσοτείχιον et du Μυριάνδριον.

Les limites de cette partie sont désignées dans les passages suivants du même auteur, qui se rapportent à la disposition de l'aile droite et de l'aile gauche de l'armée ottomane.

« Καρατσίᾳ δὲ τῷ τῆς Εὐρώπης ἐπάρχῳ — τὸ ἀπὸ τῆς ξυλίνης « πύλης ἀνίοντι μέχρι τῶν βασιλείων τοῦ Πορφυρογενέτου καὶ « φθάνοντι μεχρὶ τοῦ τῆς ὀνομαςομένης πύλης τῆς Χαρι-« σοῦς ([1]). »

Karadja bey, beylerbey de Roumélie, commande l'aile gauche. Celle-ci assiégera les murs depuis la Xyloporte, près du Nord, en remontant jusqu'au palais du Porphyrogénète (Tekfour Seraï), et en arrivant jusqu'à la porte de Charisius. Le mot ἀνίοντι monter, ne conviendrait pas si Critobulos avait voulu entendre par τῶν βασιλείων τοῦ Πορφυρογενέτου le palais des Blaquernes ; car celui-ci, ou plutôt la tour d'Anémas se trouvait encore dans la plaine, tandis que pour arriver à Tekfour Seraï, il faut monter la colline. La porte de Charisius existe donc au-delà de Tekfour Seraï au Midi ; si Critobulos entendait l'Égri-Kapou par la πύλη τῆς Χαρισοῦς, il ne pouvait dire φθάνοντι μέχρι, ce qui aurait été tout à fait illogique, mais plutôt περάσαντι.

Critobulos continue : « Ἰσαακίῳ δὲ τῷ τῆς Ἀσίας « ἐπάρχοντι τότε καὶ Μαχμουτει κόμητι ὄντι τὸ τηνικαῦτα « — τὸ ἀπὸ τοῦ Μυριανδρίου μεχρὶ τῶν τῆς Χρυσέας πυλῶν καὶ « τῆς ταυτῃ θαλάσσης μέρος ἐπιτρέπει. »

« Ishak, beylerbey d'Asie, et Mahmoud furent chargés de l'attaque des murs depuis le *Myriandrion* jusqu'à la Porte Dorée et à la mer de Marmara. »

44) Le sultan s'était donc établi devant le *Myriandrion* et le *Mesoteichion :* les travaux dirigés contre cette partie où il projetait son attaque principale, devaient rester sous sa direction particulière. Le point

---

1. P. 263.
2. I, 23.
3. I, 26.

1. Kritobulos, I, 27.

extrême de l'aile gauche sous Karadja bey, la porte de Charisius, touchait le territoire réservé au sultan ; et le rayon d'Ishak et Mahmoud commençait au point où finit le *Myriandrion*, c'est-à-dire près la porte de Saint-Romain. Ainsi les passages de Zorzi Dolfin, Léonard de Chio et Phrantzès trouvent leur explication. Comme ceux-ci, Critobulos ne qualifie nulle part le *Myriandrion* de porte, mais bien comme une partie des murailles, appelée aussi le Μεσοτείχιον, dont les points extrêmes sont la porte de Charisius et celle de Saint-Romain ; l'expression « *locus arduus Miliandri* » est parfaitement conforme à la configuration du terrain ; la porte de Charisius se trouve au sommet de la colline, qui d'ici descend vers la petite rivière du Lycus. Le sultan Mehemed ayant choisi ce point comme l'objet de la principale attaque, il est clair que la défense devait, de son côté, y concentrer ses principales forces. En effet l'empereur Constantin et Giov. Giustiniani s'établirent du côté de la porte de Saint-Romain, et non contents d'avoir posté Léontarius Bryennius et Fabrizio Cornero à la porte de Charisius, ils placèrent à la partie déclive (jusqu'à la porte Pemptou) les trois frères Bochiardi qui, suivant l'expression de Zorzi Dolfin et de Léonard de Chio, défendirent ce poste comme jadis Horatius Coclès défendit le pont du Tibre. Le nom des murs qui remontent du côté opposé vers la porte de Saint-Romain n'a été conservé que par les chroniqueurs occidentaux : Léonard de Chio (¹) parle de la *turris Bactatinea juxta portam Sti Romani*, et plus loin décrivant la brèche qu'on voit encore aujourd'hui, du « *murus Bacchatureus* » Zorzi Dolfin (²), « torre Baccatura », « mura de la Bacaturea » (³).

1. P. 929.
2. P. 15.
3. P. 33.

45) Ceux qui ont visité les remparts de Constantinople auront bien remarqué que c'est sur trois endroits, qu'a principalement porté la destruction. D'abord, à côté de la porte de Silivrie (πόρτα τῆς Πηγῆς), puis près de Top-Kapou vers l'embouchure du Lycus, et enfin au Nord de la porte d'Andrinople. Ces trois brèches sont le commentaire vivant des paroles que le sultan Mehemed, suivant Critobulos, adressa à ses janissaires avant le dernier assaut : « Je vous ai rendu la ville accessible par trois chemins ». Nicolo Barbaro (¹) donne la disposition des batteries turques correspondant parfaitement à l'état actuel des ruines causées par leur travail.

« Tre bombarde per mezzo del palazzo del « serenissimo imperador (Blaquernes).

« Do altre bombarde a la porta del Cresu « (Χαρισίου), quatro bombarde a la porta di « San Romano dove che sun la più debel « parte de tuta la tera.

« Tre bombarde per mezzo la porta del « Pigi ».

La batterie établie devant le palais des Blaquernes et la *Caligaria* fut bientôt retirée et dirigée vers la porte de Saint-Romain :

« La bombarda grossa che lavorava alla Callegaria non faciendo fruto, transporto alla torre Baccatura a la porta de San Romano (²)!

« Ἐχάλασε καὶ τείχους μέρος μετὰ τῆς μεγάλης σκευῆς ἀπὸ τῆς πύλης τῆς λεγομένης Χερσοὺς ἕως τῆς πύλης τοῦ ἁγίου Ῥωμανοῦ (³).

« Il détruisit avec le grand canon une partie du mur entre la porte de Charisius et celle de Saint-Romain. »

46) Ainsi tous ces passages, non seulement ne s'opposent point à l'identification de la porte d'Andrinople avec celle de Charisius, mais confirment encore cette identification. L'état presque intact des fortifications depuis la porte en bois jusqu'au Tekfour

1. P. 21.
2. Zorzi Dolfin, p, 15.
3. *Historia politica*, 18, 1.

Seraï, et surtout près d'Égri-Kapou est un témoignage manifeste de la véracité de Zorzi Dolfin, disant que les batteries devant la *Caligaria*, restant sans effet, le sultan préféra les transporter entre les portes de Saint-Romain et de Charisius. C'est aussi par les brèches ouvertes, près de ces deux portes, que les janissaires pénétrèrent dans la ville. Phrantzès, Zorzi Dolphin et Nicolo Barbaro rapportent ce qui se passait du côté de la brèche près la porte de Saint-Romain. Nous laissons de côté leurs récits, qui n'ont pas un intérêt particulier pour la topographie de la porte de Charisius. C'est Ducas, qui s'occupe principalement des événements arrivés près de cette dernière. Il rapporte (¹) d'abord comment une cinquantaine de Turcs passèrent par la petite poterne *Cercoporta* (²), dont la position exacte a été retrouvée par M. Paspati, à côté de la dernière tour du mur d'Anthémius près du Tekfour Seraï. Ils montent sur le mur intérieur : les défenseurs de la fausse-braie,

«Ἀναβλέψαντες ὁρῶσι Τούρκους δὲ εἰς φυγὴν ἔνδον ἐτράπησαν καὶ μὴ δυνάμενοι εἰσελθεῖν διὰ τῆς πύλης ἐπονομαζομένης Χαρσοῦ στενοχορουμενοι διά τὸ πλῆθος, οἱ μὲν ἀλκην περισσοτέραν ἔχοντες τοὺς ἀνάνδρους καταπατοῦντες εἰσήρχοντο. »

« En regardant derrière eux, en haut, voient les Turcs : ils cherchent à fuir, mais ne pouvant pénétrer par la porte de Charisius à cause de l'encombrement, les plus robustes foulaient aux pieds les plus faibles et rentraient. »

47) Les Grecs et les Italiens qui combattaient dans l'espace libre entre les deux murs, étaient tournés pour ainsi dire : les Turcs leur avaient coupé la retraite par la poterne de Giustiniani, les attaquant aussi du haut du mur Anthémien. Il ne restait plus d'autre retraite que par la porte de Charisius, qui bientôt fut obstruée par les

cadavres. Les janissaires, qui suivaient de près les premiers cinquante, trouvèrent ainsi la porte comblée :

«Ἐλθόντες δὲ εἰς τὴν πύλην οὐκ ἠδυνήθησαν εἰσελθεῖν, ἢν γὰρ φραγεῖσα ὑπὸ τῶν καταπεσόντων σωμάτων καὶ λειποψυχούντων. Ἐκ τῶν τείχεων οὗνοί πλεῖστοι διά τῶν ἐρειπίων εἰσήρχοντο. »

« Arrivés devant la porte ils ne pouvaient plus entrer, parce qu'elle était obstruée par les morts tombés d'en haut et par les mourants : la plupart entrèrent par les brèches. »

Ils entrèrent donc par la brèche, ouverte par les batteries du sultan. Il serait bien difficile de comprendre les détails de Ducas, s'ils se rapportaient à la porte d'Égri-Kapou, tandis que la porte d'Andrinople est facile à reconnaître comme théâtre de ces événements.

Ducas continue : « Εἰσ ελθόντων δὲ καὶ διασκεδασθεντων ἀπὸ τῆς πυλῆς Χαρισοῦ ἕως τοῦ παλατίου τὸν ἀπαντήσαντα ἐφόνευον (¹). οἱ δὲ τῆς αὐλῆς τοῦ τυράννου ἀζάπιδες οἱ καὶ γενίζαροι κέκληνται οἱ μὲν ἐν τῷ παλατιῷ κατέδραμον οἱ δὲ πρὸς τὴν μεγάλου προδρόμου μονὴν τὴν ἐπικεκλημένην Πέτραν καὶ ἐν τῇ μονῇ τῆς χώρας (²) αὕτη ἡ ἀπειλη ὑπῆρχεν ἀναφθεῖσα καὶ καίουσα ἐκ τῆς Χαρσοῦ πύλης καὶ τοῦ ἁγίου Ῥωμανοῦ τοῦ μέρους τοῦ παλατίου. »

« En pénétrant dans la ville et en envahissant la partie entre la porte de Charisius et le Palais, ils tuaient tous ceux qu'ils rencontraient. Les azapes de la cour, appelés aussi janissaires, envahirent soit le Palais, soit le couvent Saint-Jean *in Petra*, soit le couvent de Chora. Ce désastre commença à la porte de Charisius, à la porte de Saint-Romain et au Palais. »

Les premiers édifices saccagés par les conquérants furent naturellement ceux qui se trouvaient immédiatement près de l'endroit par où ces derniers étaient entrés ; c'est là μονὴ τῆς Χώρας, Kahrie Djami, située tout à côté de la porte d'Andrinople ; le couvent de Saint-Jean-Baptiste ἐν τῇ Πέτρα qui, d'après toutes les apparences, ne peut être mieux placé qu'à l'endroit appelé aujourd'hui Bogdan Seraï, entre le quartier de Balat et de Tekfour Séraï.

48) Ici finit l'histoire de la porte de Charisius ; la conquête efface les anciennes

---

1. P. 286.
2. Désignée par Critobulos III, 60, 2. Πυλὶς Ἰουστίνου, ἣν οὗτος ἀνέῳξεν ἐν τῷ μεγάλῳ τείχει ἵνα προχείρως ἔχη διαβαίνειν ἐπὶ τὸ σταύρωμα.

« Poterne de Giustiniani qu'il fit ouvrir dans le grand mur pour avoir l'accès libre à la fausse-braie. »

1. P. 288.
2. P. 294.

dénominations et les remplace par de nouveaux noms. La porte de Saint-Romain, où le Sultan Mehemed avait placé le plus grand nombre de ses canons, devient Top kapoussi; la porte de Sainte-Kyriaki prend le nom de Hedjum kapoussi, en souvenir du dernier assaut, et la porte de Charisius s'appellera dorénavant porte d'Andrinople ; peu de temps avant la conquête ce nom commence à paraître : Ducas, en rapportant l'entrée d'Andronic le Jeune, se sert de l'expression πύλη ἡ λεγομένη τῆς Ἀδριανουπόλεως.

Le nom de *Porta Polyandrii*, qui passait généralement comme le véritable nom ancien de la porte d'Andrinople, ne paraît qu'une seule fois pendant toute l'époque byzantine, dans le *Chronicon Paschale* sous Héraclius :

« Ο Χάγανος ἦλθεν παρατασσόμενος πόλεμον ἀπὸ τῆς λεγομένης Πολυανδρίου πόρτης καὶ ἕως τῆς πόρτης τοῦ Πέμπτου καὶ ἐπέκεινα σφοδροτέρως ἐκεῖ γὰρ τὸν πολὺν αὐτοῦ παρέστησεν ὄχλον, εἰς ὄψιν στήσας κατὰ τὸ λοιπὸν μέρος τοῦ τείχους Σκλάβους (¹). Παρεσκεύασεν δὲ εἰς τὸ διάστημα τὸ ἀπὸ τῆς Πολυανδρίου πόρτας ἕως τῆς πόρτας τοῦ ἁγίου Ῥωμανοῦ στῆναι ιβ πυργοκαστέλλους ὑψηλοῦς (²). »

« Le Khagan attaquait depuis la porte Polyandrii jusqu'à la porte Pempti, où il avait disposé la plus grande partie de ses forces — en laissant devant les autres parties de l'enceinte des Slaves. Pour la partie entre la porte Polyandrii et celle de Saint-Romain il construisit douze tours mobiles en bois. »

49) L'explication de ce nom n'est pas difficile. Les murailles entre Tekfour Seraï et la porte de Saint-Romain défendaient la partie de la capitale gardienne des tombeaux des empereurs, le *Heroon*, ou *Polyandrium* attenant à l'église des Apôtres. Il est tout naturel, que la principale porte de cette partie ait reçu le nom de πόρτα Πολυανδρίου. L'explication donnée par les *Patria* (³) :

« ἡ δὲ Πολύανδρος μυρίανδρος καλεῖται οὕτως διότι ἡνώθησαν
« ἐκεῖσε ἀμφότερα τὰ μέρη τῶν δήμων ὅτε ἐκτίζοντο τὰ τείχη »

« La porte Polyandros-Myriandros, est appelée ainsi, parce que lors de la construction des murs les deux factions se rencontrèrent à cet endroit. »

est une de ces fables que ce recueil contient en trop grand nombre et que des indications positives auraient remplacées avantageusement.

Dans le paragraphe précédent cependant il donne aussi l'explication du nom de la *porta Charsii*, de sorte que, d'après cette notice, il faudrait admettre qu'il s'agit de deux portes différentes. Néanmoins cette notice, en contradiction avec tous les autres témoignages, ne saurait être de grand poids. Les *Patria* aussi bien que Codinus ne sont qu'un recueil de renseignements tirés de partout et réunis sans la moindre critique : très souvent, il arrive qu'ils apportent deux fois les mêmes faits, lorsqu'un même monument y paraît sous une double dénomination. Personne n'a osé jusqu'à présent soumettre les textes à un examen conforme aux principes de la critique moderne, et vu la confusion qui règne dans ces deux écrits, il est à craindre qu'ils attendent longtemps encore cette révision.

Pour le moment, il faut accepter les traditions des *Patria* et de Codinus, telles quelles, sans leur attribuer plus de valeur qu'elles ne méritent, et ne leur accorder de confiance qu'en les contrôlant par le témoignage d'autres écrivains. Pour le cas de la porte de Charisius, il résulte des passages cités plus haut, et contrairement aux assertions des *Patria* (¹) :

50) 1° Qu'elle existait déjà avant la construction du mur Héraclien, Léonin et de Manuel Comnène :

---

1. P. 720.
2. I, 719.
3. Banduri, ed. Venet, I, 44.

1. La difficulté disparaît lorsqu'on suppose que le nom de *Porta Polyandrii* était plutôt appliqué à la porte du mur Constantinien, tandis que la nouvelle porte correspondante du mur Théodosiaque a reçu celui de porte *Charisii*. De cette manière on expliquerait l'existence des deux portes différentes de Codinus et des *Patria*. Il est facile de comprendre que le nom de *Polyandrii* était employé quelquefois aussi pour la porte du mur Théodosiaque.

2° Qu'elle était une porte du mur Théodosiaque;

3° Qu'elle était voisine de la porte de Saint-Romain, et si rapprochée, que souvent l'une est confondue avec l'autre,

4° Qu'elle est différente de la porte *Caligaria* aussi bien que de celle de Ste-Kyriake ou Pempti.

5° Qu'elle est située au sud de Tekfour Saraï ;

6° Qu'elle était appelée, mais très rarement, πόρτα Πολυανδρίου et peu avant la conquête quelquefois aussi πύλη Ἀδριανουπόλεως, nom qui, après la conquête, remplaça définitivement celui de Charisius.

IV.
Le Hebdomon et les Blaquernes.

51) LES murs Théodosiaques continuent vers le nord, avec leur disposition régulière avec fossé, *exotichos* et *esotichos* jusqu'au point où se trouvent les ruines d'une bâtisse importante appelée par les auteurs byzantins de la dernière époque « Palais de Constantin », « Palais du Porphyrogénète », après la conquête ottomane « Palais de Constantin », « Palais de Bélisaire ».

Les topographes modernes depuis Pierre Gilles et Ducange, ont reconnu dans cet ensemble de ruines le palais du *Hebdomon* avec la tour du Tribunal, et le Camp, *Campus*, où jadis avait lieu la proclamation des empereurs. Notre plan est conforme à cette manière de voir, acceptée par les topographes modernes, depuis le patriarche Constantius, le Dʳ Paspati et le Dʳ Déthier.

Cependant, les recherches entreprises particulièrement sur le *Hebdomon* par le professeur Alex. von Millingen, ne laissent subsister aucun doute que le Tribunal, le Camp et le palais du *Hebdomon*, dit aussi palais de *Jucundiana*, *Secundiana*, se trouvaient tout à fait en dehors de l'enceinte de la ville, au septième milliaire de la grande route *(via Egnatia)*, qui, en longeant d'abord la côte de la mer de Marmara, traversait la Thrace et la Macédoine, et que Justinien avait soigneusement réparée, d'où le nom πλακωτή: M. von Millingen ne tardera pas à donner un travail étendu sur ce sujet. En attendant, nous devons rétablir pour la bâtisse, l'ancienne dénomination donnée par Cantacuzène et Critobulos, « palais de Constantin le Porphyrogénète » (¹), et nous plaçons, avec M. von Millingen, le *Hebdomon* dans les alentours de la ville, près du village de Makrikeuï. Les principaux passages des auteurs qui prouvent cette attribution se résument de la manière suivante.

Procope dans son livre *De aedificiis*, constate qu'il y avait dans les alentours de la ville (ἐν τῷ προαστείῳ τῆς πόλεως) un château ou plutôt une station fortifiée (φρούριον), appelé Στρόγγυλον, le château rond, à cause de sa configuration, sur la route de Rhegion (aujourd'hui Koutchouk Icekmedje). Cette route, très détériorée, presqu'impraticable à cause du sol marécageux, fut couverte par Justinien de dalles de pierre, d'où le nom de πλακωτή.

Guillelmus Biblioth. in Hadriano II, en parlant de l'arrivée des légats de Rome dit : « Ad Castrum autem Rotundum, in quo est ecclesia mirae magnitudinis scti Evang. Johannis nomini dicata, favore augustali mansionem faciunt et dominica equos capientes ad portam auream veniunt. »

Il résulte de ces deux passages que le *Strangylon*, qui doit être bien distingué des Sept-Tours et de la Porte Dorée, se trouvait à certaine distance de la ville sur

1. Critob., I, 27, τὰ βασίλεια τοῦ Πορφυρογεννήτου.
Cantacuz., II, p. 138, πυλὶς τοῦ Πορφυρογεννήτου, I, 305 οἱ τοῦ Πορφυρογεννήτου οἶκοι τῶν βασιλείων. (Le compartiment du palais des Blaquernes, appelé du Porphyrogénète).

les bords de la mer, où un navire pouvait bien accoster et sur la grande route, et qu'il y avait une grande église dédiée à saint Jean l'Évangéliste.

Rufinus (lib. III) dit : « proastium qui vocatur in Septimo ubi solent imperatores egressi de civitate libenter degere. »

Les anciennes descriptions de la ville, de Codin et des *Patria*, donnent une courte notice sur les deux églises de Saint-Jean l'Évangéliste et Saint-Jean-Baptiste du *Hebdomon*, ainsi que sur le chef de saint Jean-Baptiste déposé ici, dans un chapitre intitulé « τὰ ἔξω μοναστήρια » les sanctuaires hors de la ville. On y joint la description du couvent des Abramites ou de la sainte Vierge *Archiropoietos* près des Sept-Tours sur la Placoté. La relique de saint Jean-Baptiste a dû être transférée à l'église de Saint-Jean *in Petra*, lorsque les palais et les églises de l'*Hebdomon* ont été détruits : c'est ici que les pèlerins russes et Clavijo ont visité la célèbre relique.

Théophane [éd. de Boor, 231] rapporte que le tremblement de terre de l'an 6050 détruisit une partie de l'enceinte de la ville, mais surtout les églises situées au *Hebdomon* et au delà, depuis la Porte d'Or jusqu'à Rhegium — c'est-à-dire que la force du tremblement de terre se manifesta principalement en dehors de la ville.

Phocas (1) fit tuer le secrétaire Macrobe au château des Théodosiens (καστέλλιν τῶν Θεοδοσιανῶν) au *Hebdomon*. Ce château ne signifie point l'enceinte de la ville construite par Théodose, mais bien la petite forteresse du *Hebdomon*, citée par Procope et Guillelmus Bibl. comme Strongylon. Les Θεοδοσιανοί signifient la garnison, composée par des corps de la *militia præsentalis* qui comptait parmi les « *auxilia palatina* », le corps des « *primi Theodosiani, tertii Theodosiani,*

---

1. Théophane, p. 297.

felices Theodosiani Isauri », « les *equites Theodosiaci, secundi* », et « *quarti Theodosiani* », — qui sont mentionnés par la *Notitia dignitatum*. — D'après les *Patria* (Banduri), le *Castellin* fut élargi et arrangé par Tibère Constantin pour protéger la flotte stationnée devant le *Hebdomon*, lorsque le Chagan des Avares dévastait et brûlait les campagnes de la Thrace jusqu'aux portes de la ville.

La (1) flotte des Sarrasins accostait la côte thrace depuis le promontoire occidental du *Hebdomon* jusqu'au promontoire du *Cyclobion* vers l'orient. Pendant toute la journée on se battait du matin au soir depuis le *brachiolion* de la Porte Dorée jusqu'au *Kyclobion*. Ce passage ne s'explique guère que par la situation du *Hebdomon* en dehors de la ville et sur la côte de la mer de Marmara.

Si on place le *Hebdomon* au sommet de la sixième colline près de la Corne d'or, on ne saurait comprendre comment les Sarrasins avaient pu accoster dans la partie la plus reculée de la Corne d'or, pour attaquer ensuite du côté tout à fait opposé une partie aussi restreinte que celle de la Porte Dorée jusqu'à la mer. L'attaque de cette partie de l'enceinte prouve que les Sarrasins étaient descendus à terre entre Macri Keuy et la ville.

L'auguste continuateur de Théophane (2) rapporte que Basile Ier avait réparé avec le plus grand soin non seulement les églises et couvents de la ville (κατὰ τὴν πόλιν), mais aussi avec le même soin les sanctuaires en dehors de la ville (ἀλλὰ καὶ ταύτης ἐχτός) notamment les deux églises de Saint-Jean-Baptiste et de Saint-Jean l'Évangéliste du *Hebdomon*, les églises de *Rhegium*, etc.

Il rapporte également (3) que le roi des

---

1. Théophane, p. 353, an. 6165.
2. 340,4.
3. P. 385, éd. Bonn.

Bulgares, Syméon, assiégeait la ville depuis les Blaquernes jusqu'à la Porte Dorée, mais qu'il dut abandonner le siège et qu'il se retira au *Hebdomon*, pour entamer des pourparlers avec l'empereur : « ἐν τῷ λεγομένῳ Ἑβδόμῳ ὑπέστρεψεν ». Pour que Syméon ait pu se replier

CONSTANTINOPLE. — Église Sainte-Sophie.

sur le *Hebdomon*, il faut bien que cet endroit soit plus ou moins éloigné de la ligne d'enceinte assiégée depuis les Blaquernes jusqu'à la Porte Dorée.

Il raconte enfin ([1]) le départ de la princesse Marie avec le prince bulgare Pierre, en donnant tous les détails de la bénédiction nuptiale dans l'église de la *Zoodokhos Pighi* et du repas au palais du même endroit. Après les noces, le jeune couple part pour la Bulgarie accompagné jusqu'au *Hebdomon* de ses parents, Romain Lacapène et son père Christophe « μέχρι τοῦ ἑβδόμου συνεξῆλθον », ce qui se comprend seulement si l'on admet la situation du *Hebdomon* hors de la ville.

Les différents passages du *Livre des Cérémonies* sur les entrées triomphales des empereurs, sont autant de témoignages en faveur de notre manière de voir.

Ainsi ([2]), au retour de l'empereur d'une expédition en Occident, les archontes et le commandant de la place de Constantinople le reçoivent à Rhegium (Koutchouk Icekmekdje), voir même à Héraclée, et le sénat au *Hebdomon*, devant l'église des Innocents, s'il revient par terre, et au débarcadère, s'il vient par mer. Lorsque l'empereur retourne d'une expédition en Asie, il s'arrête d'abord au palais des Rufinianes (Haider Pacha) ou de *Hieria* (Phanaraki), d'où il peut continuer soit par la porte d'Eugénius, soit au *Hebdomon*, pour rentrer par la Porte Dorée. Ce passage indique assez clairement pour ceux qui connaissent la disposition topographique, que le *Hebdomon* doit être cherché plutôt sur la côte du Marmara, que sur les hauteurs très éloignées de la Corne d'or.

Basile Ier ([3]), au retour de son expédition de Tefrike et Germanikia, passe du palais

d'*Hieria* au *Hebdomon*, d'où, après avoir prié dans le sanctuaire de Saint-Jean-Baptiste, il part à cheval jusqu'au couvent des Abramites. Les prisonniers et les trophées avaient été transportés la veille de *Hieria* sur la prairie devant la Porte Dorée. De là s'accomplit l'entrée triomphale, par la moyenne grande Porte Dorée ouverte à cette occasion.

L'empereur Théophile choisit un autre itinéraire ([1]). Il passe de *Hieria* au palais de Saint-Mamas et de là, à celui des Blaquernes : ensuite il monte à cheval et arrive en longeant le mur extérieur à la prairie devant la Porte Dorée (λιβάδιον τοῦ κομβινοστασίου), d'où il fait son entrée triomphale. Pas un mot du *Hebdomon*.

Basile II avait été enterré dans l'église de Saint-Jean Évangéliste du *Hebdomon* ; on découvrit son tombeau deux siècles plus tard, dans la dernière période de l'empire Latin. Pachymères ([2]) rapporte ce fait avec des circonstances qui s'opposent d'une manière absolue à l'opinion que le *Hebdomon* ait été situé dans l'enceinte de la ville. Michel Paléologue avait mis le siège devant Constantinople : il campait sur les hauteurs de Galata. Plusieurs petits corps parcouraient les alentours de la ville, et l'un de ceux-ci visita aussi les ruines de l'*Hebdomon* ; en entrant dans l'église de Saint-Jean l'Évangéliste, alors convertie en étable, les soldats de Michel Paléologue découvrirent dans un coin, debout, un cadavre, auquel on avait mis par dérision dans la bouche une flûte de berger. L'inscription du sarcophage fracturé démontra que le cadavre était celui du Bulgaroctone. Michel Paléologue ayant appris la découverte, fit enlever le lendemain avec pompe le cadavre pour le transporter à Sélymbrie. Tout ceci ne pouvait guère avoir lieu si le *Hebdomon* était situé en

---

1. P. 414.
2. *Ibid.*, p. 495, éd. Bonn.
3. P. 498.

1. P. 503.
2. Lib. II, 21.

dedans de l'enceinte et formait une partie du palais des Blaquernes; les Francs qui occupaient la ville, n'auraient pas permis aux Paléologiens de pénétrer impunément dans l'église, et Michel, au lieu d'enlever avec grande pompe religieuse le cadavre, aurait plutôt essayé de pénétrer dans la ville par une brèche si mal gardée. L'épisode cité ne peut se comprendre, que si l'*Hebdomon* était placé à une certaine distance de la ville.

Notons pour terminer, que le nom de *Hebdomon* est dû au septième milliaire, et que le chiffre sept ne se rapporte pas à la distance de l'endroit des murs, mais bien à la distance du milliaire d'or situé près de Sainte-Sophie. D'ailleurs toutes les citations d'auteurs, que Ducange a recueillies dans son article « *Hebdomon* » confirment plus ou moins la situation en dehors de la ville.

Il est bien difficile d'abandonner une hypothèse, généralement admise jusqu'à présent, qui permettait de baptiser la moindre tourelle et la plus petite porte de noms si célèbres dans l'histoire byzantine. La tour du *Tribunal*, le balcon de la Présentation, la salle du Couronnement, la porte par laquelle le nouvel empereur passait sur le *Campus Martis* avec la tente « *papilio* », les sanctuaires des Saint-Jean-Baptiste et Saint-Jean l'Évangéliste disparaîtront dorénavant de la topographie de la ville, et le vide s'établit là où tout était plein de vie historique. Pour le moment nous devons nous borner à rétablir l'ancienne dénomination « palais de Constantin Porphyrogénète », qui sert aussi à fixer l'époque de la dernière reconstruction. La manière dont la bâtisse est enclavée dans les deux lignes du mur Théodosiaque prouve qu'elle existait déjà à l'époque de Théodose II et qu'elle formait la partie supérieure du palais des Blaquernes. L'*exotichos* (mur de Cyrus

Constantin) descend jusqu'à la partie inférieure des Blaquernes, où il est encore debout: l'*esotichos* (mur d'Anthemius) sépare le Palais du reste de la ville et se perd finalement dans le mur de Londja. Il paraît que cette partie supérieure du palais des Blaquernes servait comme la *Magnaura* et les *Scyla*, — le *Tricline* de Justinien du Grand Palais — aux réceptions, pour les assemblées, les conciles, et que le nom de *Tricline* d'Anastase, qui se trouve dans le *Livre des Cérémonies* (1), τοῦ ἄνω παλατίου ἤγουν ἀπὸ τὸν Ἀναστασιακὸν τρίκλινον, s'applique spécialement à cette partie supérieure des Blaquernes, tandis que le nom de *Tricline* du Dannubios convient à la partie basse du Palais, qui communiquait avec l'église de la Sainte-Vierge des Blaquernes par un escalier (βισαλωτὸν). Il n'est pas tout à fait invraisemblable, que le nom de *Philopation* intérieur (τὸ ἐντὸς φιλοπάτιον) qui se trouve chez Nicétas Acominatus (2) puisse être appliqué au ci-devant *Hebdomon*. Le palais de *Philopation* (τὸ ἔξω φιλοπάτιον) extérieur se trouvait vis-à-vis de cet emplacement en dehors des murs, d'après les rares témoignages qui nous sont conservés.

Près de la dernière tour du mur Anthémien se trouve la πυλίς τοῦ Πορφυρογενήτου, mentionnée par Cantacuzène (3) : les amis du prétendant s'enfuient de la capitale après avoir percé cette poterne, murée depuis quelque temps. La même poterne est mentionnée par Critobulos (4). « Les Turcs pénètrent dans la ville par la poterne de Giustiniani

« (πυλίς Ἰουστίνου), ἥν οὗτος ανέῳξεν ἐν τῷ μεγάλῳ τείχει « ἵνα προχείρως ἔχῃ διαβαίνεῖν ἐπὶ τὸ σταύρωμα. »

« Poterne de Giustiniani, que celui-ci fit ouvrir dans le grand mur, pour avoir l'accès libre à la fausse-braie. »

1. P. 154.
2. P. 380.
3. II, 138.
4. Lib. I, 60 § 2.

C'est la même porte que Ducas ([1]) appelle par erreur Κερχοπόρτα.

52) Entre la ci-devant tour du Tribunal et le Palais, on voit de l'intérieur de la ville une ancienne porte, murée évidemment avant la conquête ([2]). Du dehors on ne l'aperçoit pas, parce qu'elle est cachée par un monceau de terre et les débris, qui s'élèvent jusqu'à la hauteur du *Diabatikon* entre cette tour et le Palais. Cette porte existait avant la construction du mur de Manuel. Le quartier des *Caliguria* se trouvait alors hors de la ville, et la porte d'Egri-Kapou n'existait point. Pour faciliter les communications de la ville basse avec les campagnes, il y avait la porte des Blaquernes et la *Xyloporta*; pour la ville haute il y avait la porte de Charisius et cette porte voisine du palais. Manuel Comnène en renfermant le quartier des *Caligaria* dans son nouveau mur, dut lui laisser une issue, la porte Egri-Kapou, et ouvrir en même temps les deux lignes du mur Théodosiaque qui reliaient la partie supérieure au château des Blaquernes. Dès lors, la porte voisine du palais perdait de son importance, et Isaac l'Ange pouvait murer cette porte, sans compromettre les intérêts locaux de la circulation. Nicétas ([3]) rapporte en effet qu'Isaac, ayant appris que le roi des Francs devait pénétrer dans la capitale « διὰ τῆς λεγομένης Ξυλοχέρχου πυλίδος » « par la porte dite du Xylokerkos », la fit murer solidement. En plaçant la porte de *Xylokerkos* à cet endroit, nous partons des considérations suivantes :

53) 1° Elle est mentionnée par les écrivains à une époque, où les murs d'Héraclius, de Léon et de Manuel n'existaient point ;

2° Elle n'est identique ni avec la *Xyloporta* ([1]), ni avec la porte des Blaquernes, des *Caligaria, Gyrolimne*, ni avec la poterne du Porphyrogénète. Elle ne peut s'identifier avec la porte du palais du Porphyrogénète; — celle-ci n'étant pas ouverte à la circulation de la population, — et encore moins avec celle appelée quelquefois poterne de Saint-Callinique, percée dans le mur de Manuel. Le fait de la clôture de cette porte par Isaac l'Ange est confirmé par Cantacuzène ([2]) et par Ducas ([3]) qui la décrit comme elle est encore actuellement :

« παραπόρτιον ἕν πρὸ πολλῶν χρόνων ἀσφαλῶς ὑπόγαιον πρὸς τὸ κάτωθεν μερος τοῦ παλατίου; »

« Une poterne clôturée solidement depuis longtemps, presque souterraine, vers la partie inférieure du palais »

Il confond seulement le fait de l'ouverture de la poterne du Porphyrogénète par Giustiniani. Du reste la porte de *Xylokerkos* n'est mentionnée, que pour définir la position du couvent de St-Mamas. Le cirque en bois, ainsi que le couvent de St-Mamas, étaient situés dans le vallon contigu à la colline vis-à-vis du palais de Porphyrogénète, où se trouvaient le parc et le palais de *Philopation.*

54) La porte établie dans le mur occidental du palais de Constantin est appelée par les topographes modernes, s'appuyant sur un passage de Cantacuzène : « *Porta Asomaton.* » Malheureusement il n'est pas question dans ce passage d'une porte de la Capitale, mais bien d'une porte de Thessalonique ([4]). On prétend aussi que le nom ἀσωμάτων était donné à cette porte, à cause d'une église de l'archange Michel, qui se trouvait à cette place, et l'on cite de nou-

---

1. P. 282.
2. Cette porte est indiquée sur un exemplaire inédit du plan de Constantinople par Buondelmonte, qui se trouve dans la bibliothèque du Vatican, que nous reproduisons ici. Elle y porte le nom de « *porta Sti Johannis* ».
3. P. 528.

1. Cantacuzène en effet les mentionne toutes deux, II, 541 et II, 558, dans des circonstances qui en rendent l'identité impossible.
2. II, 558.
3. 232.
4. Cantacuz., lib. III, c. 88.

veau Cantacuzène. Ses parents et plusieurs de ses amis avaient été enfermés par Apocauque dans les cachots du « Palais de Constantin » ; après avoir tué Apocauque, ils s'étaient évadés de cette prison et avaient cherché un refuge dans l'église de St-Michel, en négligeant toutefois de se refugier dans l'asile de Sainte-Sophie, qu'ils auraient pu atteindre facilement et qui présentait plus de sécurité. En examinant le texte de Cantacuzène on se convaincra facilement, que le Palais de Constantin, mentionné ici, désigne le Grand Palais, qu'il s'agit de l'église de l'archange Michel appelée la Nouvelle, bâtie par Basile Ier et dont en effet Sainte-Sophie n'était pas assez éloignée pour qu'on ne pût l'atteindre facilement. S'il avait été question du palais du Porphyrogénète, on ne comprendrait pas la mention de Sainte-Sophie. D'ailleurs l'historien Ducas, dont un des parents était au nombre des prisonniers et qui par conséquent pouvait bien connaître les détails de l'évènement, affirme que les parents et amis de Jean Cantacuzène furent enfermés dans le cachot du Grand Palais (ἐν τῷ φρουρίῳ τοῦ μεγάλου παλατίου), et qu'après la catastrophe il n'y eut que six survivants, qui avaient réussi à se cacher

« ἐν τῷ ὑπογαίῳτοῦ ναοῦ τῆς νέας (¹) ».

« dans les souterrains de la nouvelle église ».

Ainsi donc le nom de *Porta Asomaton* doit être rayé du plan de Constantinople et s'il faut donner un nom à cette porte, nous préférons celui qui se trouve dans les récits du dernier siège, « *Porta del Palazzo regia* (²).»

55) La fin de l'enceinte du palais de Constantin est marquée par une tour, visible seulement de l'intérieur de la ville : au dehors on ne remarque qu'un angle droit ; là où se termine le fossé, commence aussi le mur de Manuel, qui se dirige vers

l'Occident : de la fausse-braie, on remarque une porte murée, presque souterraine, et pour laquelle nous ne saurions indiquer un nom. Le mur Théodosiaque continue à l'intérieur vers les Blaquernes en s'adossant à la tour d'angle ; il est très bas, de manière qu'on peut aisément le franchir.

Le mur de Manuel commence là où finit le fossé : il se dirige d'abord vers l'Occident sur un parcours d'environ cent pas, pour se tourner brusquement vers le Nord. Ici se trouve une poterne, — celle de Saint-Callinique de Paspati — et une grande tour, mentionnée par Phrantzès, πύργος ἐν Καλλιγαρέοις, d'où le dernier Constantin, la veille de la prise de Constantinople, observait les travaux d'approche exécutés nuitamment par les Turcs. Le mur continue vers le Nord jusqu'à la tour d'Isaac l'Ange, en comprenant la porte Caligaria. En renvoyant à la description classique de la tour d'Isaac l'Ange et d'Anémas que M. Paspati a donnée dans ses *Études byzantines*, nous nous bornons ici à rappeler l'inscription suivante remarquable à tous les points de vue, d'après un estampage :

« προστάξ(ε)ι αὐτοκράτορος Ἀγγέλου Ἰσαακίου
πύργος ἐκ παραστάσεως δ(ε)ιμεῖται (?) Βασιλείου.
ἔτει   . 6696 = 11 $\frac{87}{88}$. »

« Tour érigée par ordre de l'empereur Isaac l'Ange et sous la direction de Basile en 6696. »

Cette inscription, conçue en vers alexandrins, présente une difficulté sérieuse pour l'explication de l'avant-dernier mot : en garantissant l'exactitude des lettres d'après deux empreintes, nous remettons l'explication à de plus érudits.

56) Vers le nord de la tour d'Anémas commence le *Monoteichos* des Blaquernes, construit par Héraclius pour protéger l'église de N.-D. des Blaquernes contre les

---

1. Ducas, cap. 5, p. 21 et 23.
2. Zorzi Dolfin. Nicolo Barbaro.

attaques des Avares (¹). Héraclius laissa le temple des SS. Nicolas et Priscus, construit par Justinien Ier, en dehors du *Monoteichos;* plus tard, cette église fut brûlée par les Avares. Léon V ajouta un second mur pour protéger l'église de Saint-Nicolas contre les Bulgares (²). Le rempart formé par le mur Héraclien et Léonin est appelé par les topographes modernes, château des Cinq-Tours, Πενταπύργιον ; mais les auteurs byzantins donnent exclusivement ce nom à la partie du Grand Palais qui était située sur la Propontide. Dans l'intérieur de cette ruine on remarque aujourd'hui le tombeau d'un saint musulman, le Toklou Dédé Ibrahim, et un *ayasma* (fontaine), seul reste de l'église des SS.-Nicolas et Priscus et que le patriarche Constantius nomma Saint-Basile. L'inscription qu'on lit sur la façade occidentale de la tour sud du mur Héraclien est formée par des briques et se présente de la manière suivante :

$$\text{IVFI} \ldots \ldots \text{ʹV} \ldots \text{ΛVTOKFATOPOC}$$

Πυργος Θεοφίλου ἐν χῶ αὐτοκράτορος.
« Tour de Théophile empereur en Christ. »

57) Une autre inscription à la façade occidentale du mur Léonin prouve que cette partie des fortifications a été restaurée par Michel et Théophile. La tour septentrionale du mur Léonin, appelée la tour de Saint-Nicolas, a été l'objet des soins particuliers de Romain Lécapène. A travers ces deux murs passe l'ancienne porte des Blaquernes, à peine reconnaissable aujourd'hui, qui paraît avoir été murée peu après la restauration des Paléologues.

58) En suivant le tour des murs extérieurs de Tekfour Serai vers la Corne d'Or, nous rencontrons d'abord la porte Egrikapou (porte oblique), jadis « *porta Caligaria* », porte du quartier des cordonniers. Le nom de cette porte et du quartier se retrouvent seulement dans les historiens du dernier siège. La description de Zorzi Dolfin (¹) : « Quella parte del muro era simplice ne « havea fosse ne antemurale dicta Calega- « rea » ; de Nicolo Barbaro : « Questa Ca- « ligaria si xe appresso del palazo de l'im- « perador » ; de Léonard de Chio : « Murus « ad Caligaream erat perlatus fortisque » ; peut encore aujourd'hui lui être appliquée.

Le nom turc Egrikapou a été traduit par les topographes du XVe siècle par Καρσία, Ἐγκαρσία πύλη, ce qui a donné lieu à l'identification avec la porte de Charisius. Il va sans dire, que cette traduction du XVe siècle n'a pas plus de valeur que celles des portes maritimes « *Porta Lignaria, vitriaria Carabiorum,* » dans Leunclavius et autres. La rue qui monte en dehors des murs, du port vers cette porte, est nommée aujourd'hui Kharidzi Dzadéssi (rue extérieure). Il ne signifie pas autre chose, et n'a rien à faire avec Charisius.

Dans l'église grecque près d'Egrikapou (παναγία τῆς Σούδας), on a conservé le fragment d'une inscription turco-grecque, remontant à l'époque qui suivit la conquête ; elle nous apprend que l'église était dédiée auparavant à saint Théodore-Tiron.

---

1. Niceph., *De reb. p. Mauric. gestis.* Τεῖχος εὐθὺς δωμησάμενος τοῦ ἱεροῦ νάου φρούριον κατέστησεν. — *Chron. Pasch.* τούτῳ τῷ ἔτει ἐκτίσθη τὸ τεῖχος πέριξ τοῦ οἴκου τῆς δεσποίνης ἡμῶν τῆς Θκου ἔξωθεν τοῦ λεγομένου πτεροῦ.

« Niceph.. : il fit construire aussitôt un mur pour la défense du sanctuaire. — *Chr. P.* dans cette année fut construite l'enceinte autour du sanctuaire de Notre-Dame la Sainte-Vierge en dehors du dit Ptéron. »

2. Sym. mag. 618: ἤρξατο κτίζειν ἕτερον τεῖχος ἔξωθεν τοῦ τείχους τῶν Βλαχερνῶν κόψας καὶ τὴν σούδαν πλατεῖαν.

« Il commença à construire un autre mur en dehors du mur des Blaquernes en y ajoutant un profond fossé. »

1. P. 13.

59) Le quartier des Caligaria était séparé du Palais des Blaquernes par un mur particulier, dont il ne reste que quelques traces dans les jardins et le point d'insertion, à la tour d'Isaac l'Ange.

Avant d'arriver à cette tour, on rencontre la porte de Gyrolimne « αἱ πρὸς τὴν Γυρολίμνην λεγόμεναι πύλαι », qui n'est mentionnée que par les écrivains postérieurs aux Comnènes. C'est la dernière porte dans le mur de Manuel Comnène, qui, d'après une inscription, a été réparé pour la dernière fois par Jean Paléologue, au mois d'août 1441 (¹).

Elle fut attaquée par les Croisés de la première croisade :

« ὡς καὶ πῦρ ἐπαφεῖναι κατὰ τῆς κάτωθεν τῶν ἀνακτόρων πύλης ἄγχου τοῦ ἐπ'ὀνόματι τοῦ ἐν ἱεράρχαις μεγίστου Νικολάου πάλαι ἀνοικοδομηθέντος τεμένους. »

« On essaya même d'incendier la porte au-dessous du palais voisin de l'église du Grand Hiérarque saint Nicolas, érigée par les anciens empereurs (²). »

Les écuries impériales et les remises des voitures se trouvaient en dehors de cette porte (³).

Les murs de la Caligaria ne pouvaient être protégés par un fossé, à cause de la déclivité du terrain; le *Monoteichos* des Blaquernes, ainsi que les tours d'Anemas et d'Isaac l'Ange en étaient munis. Léon V avait déjà creusé un fossé large et profond. Cédrenus (⁴), au sujet de l'assaut de Tornices, sous Constantin Monomaque, parle longuement de ce fossé : les assiégés, étant sortis de la porte des Blaquernes, furent repoussés.

Comblé dans la suite, ce fossé fut rétabli par Constantin Dragozès avant le dernier siège, avec l'aide des équipages des galères vénitiennes. Le plan de Constantinople, publié à Augsbourg avant 1690, donne le dessin de ce fossé rempli d'eau et aboutissant à la Corne d'Or. Son existence ne peut donc être mise en doute.

60) La dernière porte des murs terrestres, *Xyloporta*, Ξυλίνη πύλη, *Porta Ksilo*, n'existe plus. Il y a quelques années, elle fut détruite ainsi qu'une tour (avec une inscription de Théophile) et un bout de mur, qui reliait le mur Héraclien à la mer. La *Xyloporta* ne conduisait pas dans la ville proprement dite. Les murs maritimes continuent directement par le mur Héraclien, laissant en dehors la porte en bois, de sorte qu'elle ne sert qu'aux communications du littoral de la ville avec la route du *Kosmidium*. Le nom de *Xyloporta* apparaît pour la première fois dans Cantacuzène (¹); les chroniqueurs du dernier siège la placent près de la Corne d'Or. Elle n'est mentionnée qu'à la fin du règne de Justinien Rhinosmète, sous le nom de τὸ ἄνω Καλλινίκης παραπορτίον, τὸ τῆς Καλλινικοῦ παραπόρτιον, poterne du pont de Saint-Kallinique. On a voulu donner ce nom à une poterne voisine de *Tekfour Serai;* les textes ne permettent pas d'admettre cette attribution. Lors de la chute de Justinien Rhinotmète, son fils Tibère et sa mère avaient cherché un refuge dans l'église de N.-D. des Blaquernes : mais l'enfant fut arraché de l'autel par les satellites envoyés à sa poursuite et égorgé ἐν τῷ τῆς Καλλινίκου παραπορτίῳ (²)· ἐπὶ τῷ ἄνω Καλλινίκης παραπορτίῳ (³)· ἐις τὴν καλουμένην τῶν Καλλινίκων (⁴). On l'enterra dans le couvent des Anargyres, τ. Παυλίνης (*Cosmidium*). L'église de Saint-Kallinique était située près du pont de Justinien (⁵).

61) Il serait très difficile de comprendre

---

1. Cedr. (I, p. 729) prouve que le *Monotichos* ainsi que la porte des Blaquernes furent construits avant l'arrivée des Avares.
2. Alexias, éd. Bonn, II, 48.
3. Pachymère, II, 135. Alexias, I, 104.
4. II, 583.

1. II, 541, II, 213.
2. Cedr., I, 784.
3. Theoph., I. 583.
4. Niceph. d. r. p. Maur. 54.
5. Theoph., *An*. p. 340, Βασιλεος, I.

pourquoi on aurait fait monter la victime jusqu'à la poterne voisine de *Tekfour Serai*, pour l'y égorger, et descendre ensuite au couvent du *Cosmidion*. Il est plus naturel de supposer que la poterne du pont de Saint-Kallinique se trouvait à la place de la *Xyloporta :* celle-ci se trouvant tout près du temple des Blaquernes et les satellites ayant grande hâte d'accomplir un forfait, commis probablement à l'insu de Philippicus.

Sur le plan des Blaquernes nous avons désigné par :

1, le mur construit par Manuel le Comnène;

2, le mur de Léon V avec la porte extérieure des Blaquernes ;

3, le mur de Héraclius ;

4, le tombeau de Toklou Dédé Ibrahim ;

5, l'ayasma, place de l'église de Saint-Nicolas et Priscus ;

6, la mosquée de Toklou Dédé Ibrahim, ancienne église de Sainte-Thècle ;

7, l'édifice carré byzantin, l'*embolos Cariani* construit par Maurice ;

8, l'église de N.-D. des Blaquernes; 8,8, les restes de l'ancienne enceinte de cette église;

9, le mur dit « Londja », suite du mur anthémien ;

10, le mur qui est la continuation du second mur théodosiaque;

11, le bain, dit Handjerli-Hamam ;

12, la mosquée d'Aiwas Effendi, place du palais des Blaquernes ;

13, le couvent de derviches de Cheïhk Salim;

14, la tour et le cachot d'Anemas ;

15, la tour d'Isaac l'Ange ;

16, la porte de Gyrolimne ;

17, le mur qui relie la tour d'Isaac l'Ange au second mur théodosiaque ;

18, la mosquée Kodja Moustapha Pacha, ancienne église des Saints-Pierre-et-Marc ;

19, l'église de Saint-Démétrius Cannabus.

V.

Les portes maritimes sur la Corne d'or.

62) SI la détermination des portes terrestres a provoqué entre les topographes beaucoup de divergence, il n'en a pas été de même pour les portes situées sur la mer : pour cette bonne raison que jusqu'à présent, personne n'a essayé sérieusement d'en retrouver les anciens noms. Ceux que donnent Du Cange, Leunclavius et autres ne sont que de simples traductions grecques des dénominations turques; or ce système n'a donné de résultats exacts, ni pour les portes terrestres, ni pour aucune autre partie de la topographie byzantine.

La côte de la Corne d'Or depuis la *Xyloporta* (Aïvanserai Kapoussi), jusqu'à la pointe du Séraï, peut être divisée en deux parties presqu'égales, dont la première comprend l'espace situé entre la *Xyloporta* et Unkapan Kapoussi, point où aboutit le second pont de Galata. Une large rue conduit de cet endroit jusqu'à la mer de Marmara, partageant ainsi la ville en deux moitiés. Vis-à-vis d'Unkapan Kapoussi, de l'autre côté de la Corne d'Or, se termine le faubourg de Galata. Cette séparation est principalement due à la configuration du terrain ; c'est la troisième vallée qui touche ici à la mer, entre la troisième colline couronnée par la mosquée de Suleiman (*Vigla Tractus Viglentiæ*) et la quatrième, marquée par la mosquée de Sultan Mehemed Fatih (église des Apôtres) et Zeirek Kilisse Djamii (église du Pantocrator).

63) La troisième colline, très abrupte, s'avance près de la côte, tandis que la quatrième, également abrupte, reste assez éloignée de la mer, en laissant une plaine assez étendue entre elle et la côte. Cette plaine bordée à l'est par les falaises de la troisième colline, à l'ouest par la falaise de la

cinquième colline (Sultan Sélim) qui touche presque à la mer, et au sud par la quatrième colline, comprenait le quartier de Pulcheriana, le *Tractus Dexiocratis*, le *Tractus de Harmatius* et les églises de Saint-Théodore, Saint-Laurent et Sainte-Théodosie. Dans les derniers temps de l'empire byzantin elle portait le nom de «*Platea*» (Πλατεία, Πλατέα).

Ducas (¹) rapporte que le sultan Méhémed, après avoir fait entrer sa flotte par le vallon de Kassimpacha dans la Corne d'Or, commença à attaquer la ville du côté de la mer. Cette attaque ne pouvait se porter naturellement sur les parties situées vis-à-vis de Galata, occupées par les Génois ; elle devait se borner exclusivement aux parties placées en dehors de ce faubourg, où les assaillants turcs étaient abrités par leurs batteries, établies sur les hauteurs de Kassim Pacha. Le sultan, dit-il, dirigeait ses quatre-vingts navires « ἀπὸ τῆς ξυλοπόρτης ἄχρι τῆς πλατείας ».

Pusculus et Zorzi Dolfin donnent la succession suivante des portes maritimes jusqu'à ce point.

1. *Xilina* (propè portum).
2. *Proxima Graii* quam dicunt *Cynagon*.
3. *Porta Phari* (porta del pharo).
4. *Porta divae Theodosiae*.
5. *Porta Puteae* (pozzo).
6. *Porta Platea* (piazza).

Cette liste est bien incomplète, car actuellement il y a dans cet espace neuf portes qui ne datent pas de l'époque postérieure à la conquête.

64) Il y a d'abord la *Xyloporta*, Aïvan Serai Kapoussi, aujourd'hui détruite. Les murs terrestres continuent jusqu'à la mer ; la tour qui flanquait jadis cette porte vers la mer, portait une inscription de Théophile. Au sud de la porte, les murs maritimes les rejoignaient, en sorte que celle-ci ne donnait point accès dans la ville intérieure : la porte ne reliait le chemin d'Ejoub *(Cosmidion)*

qu'à la rue qui longeait le quai du port en dehors des murs maritimes.

Immédiatement, à côté de la *Xyloporta*, se trouve une porte qui n'a point le caractère architectonique des autres portes et qui mène directement à l'ayasma des Blaquernes. C'est un passage à travers les murs ouvert après la fermeture définitive de la porte des Blaquernes. Du côté oriental de cette porte, et adossée aux murs se trouve une bâtisse byzantine de forme oblongue, qui est considérée généralement comme un reste des *Emboloi Karianoi*.

Une centaine de pas au-delà se trouve un autre passage à travers les murs ; il mène à la cour de l'ancienne église des Saints-Marc-et-André, aujourd'hui Kodja Moustapha Pacha Djamii.

65)On rencontre ensuite une porte murée, surmontée d'un arc énorme ; à côté d'un des jambages se trouve un bas-relief en marbre représentant l'archange Gabriel avec une branche de palmier; travail assez médiocre : le pendant avec la sainte Vierge, complétant la représentation de l'annonciation existait encore il y a une cinquantaine d'années ; c'est la *porta Cynagon*, πύλη τοῦ Κυνηγοῦ, πύλη τῶν Κυνηγῶν, aujourd'hui sans nom (¹). Elle répond au texte suivant de Pusculus : « Haud longe a Xilina succedit proxima, Graii quam dicunt Cynagon » ; le quartier situé sur le port et hors des murailles était appelé « τὸ μέρος τοῦ Κυνηγοῦ », « le Chasseur ». Il faut bien le distinguer du Κυνήγιον, situé à la pointe du Sérail, et qui était le théâtre des combats des bêtes fauves. Suivant Nicolo Barbaro (²), les galères de G. Trevizan accostent « al Chinigo » pour faire descendre les chiourmes, qui doivent creuser le fossé devant le mur des Blaquernes, et plus loin(³) : « Una porta laqual

---

1. Éd. Bonn, p. 282.

1. Tafferner, Caes. Leg. Vienn., 1672, p. 94.
2. P. 14.
3. P. 40.

se chiamava el Chinigo ; uno luogo che son verso el palazo del imperador (1). » Pachymères (2) décrit l'incendie, qui ravagea tout ce qui se trouvait ἀπὸ τῆς τῶν Κυνηγῶν πύλης μέχρι καὶ τῆς τοῦ προδρόμου μονῆς et qui consuma toutes les richesses des magasins et des maisons nobles bâties dans ce quartier à cause de la proximité du Palais impérial.

Le couvent de Saint-Jean-Baptiste, mentionné à cette occasion, n'est autre que celui τῆς πέτρας, et la porte *Cynegi*, qui conduisant à ce couvent célèbre, portait aussi le nom de πόρτα τοῦ ἀγίου καὶ ἐνδόξου προδρόμου. Un acte publié par Müller et Miclosich (3) le signale. Ce document, qui date de 1334, se rapporte à l'église de Saint-Démètre, dite de Kanabos (Καναβή) adossée aux murs à l'intérieur de la ville, entre la porte *Cynagon* et l'église des Saints-Marc-et-André : la bâtisse actuelle est moderne ; l'ancienne, qui avait servi pendant quelque temps d'église patriarcale ayant été détruite par un incendie.

66) Cette église, qui appartenait peut-être à la famille du malheureux Nicolas Kannabos, était tombée en ruines à la suite de la conquête latine ; c'est en 1334, que le patronat en fut concédé à Georges Pepagomène, qui l'avait restaurée. On a voulu reconnaître la porte *Cynagon* dans la porte «de la Cheyne» du plan de Buondelmonte, inséré dans les ouvrages de Du Cange et Banduri ; mais la reproduction de cette carte dans le troisième volume des *Monuments de l'histoire* de Sathas, démontre qu'il s'agit de la *Porta Vlacherna*, qui, par une faute de perspective, paraît se trouver sur la Corne d'Or.

La principale porte qui, après la porte de *Cynègon*, donne accès à la ville intérieure, est celle de Balat (Balat Kapoussi), jadis Porte impériale, βασιλικὴ πύλη (4). C'était là qu'abordaient les empereurs, lorsqu'ils se rendaient aux Blaquernes, par la voie de mer. C'est à cette porte que le sénat reçoit l'empereur (1). Nicetas l'appelle directement ἀποβάθρα βασιλέως (2).

Les textes expliquent suffisamment l'origine du nom de Porte impériale. Elle est mentionnée encore par Pachymères lors du départ de Bérenger le Catalan (3). Dans les documents patriarcaux de Miclosich et Müller, on trouve à deux reprises la mention d'une église de Saint-Jean-Baptiste, située sur la mer, en dehors de la Porte impériale (4). Aujourd'hui encore, entre la porte de Balat et du Phanar, sur la rive de la Corne d'Or, il existe une église de Saint-Jean qui peut correspondre à cette église de l'époque paléologine. Pendant le dernier siège, cette porte, ainsi que l'espace s'étendant jusqu'à la porte du Phanar, était défendue par les Vénitiens et Lucas Notaras (5). D'après Critobulos, elle (βασιλικαὶ πύλαι) fut forcée par Hamzé, l'amiral turc, après l'entrée des janissaires par les portes terrestres.

67) La porte suivante, Phener Kapoussi, est la *Porta Phari*, Porta del Pharo des auteurs ; ce nom provient du phare établi anciennement sur la pointe la plus proéminente du littoral du port intérieur. C'était la seule porte double parmi les portes maritimes, circonstance qui était due à l'insertion d'un second mur intérieur, se dirigeant de là vers l'est, jusqu'à la porte du *Pétrion* et qui formait ainsi le κάστρον Πετρίων. Tout le quartier situé derrière cette porte était appelé le Phanar, comme aujourd'hui (6).

Les navires turcs ancrés dans le golfe du Mandrachio passent vis-à-vis cette porte

---

1. Müller et Miclosich, II, 358, 452, 496.
2. II, 582, 4, Ed. Bonn.
3. *Acta pall. cit.*, I, 568.
4. Zorzi Dolfin.

1. Const. Porphyr. *de Cærim.* Éd. Bonn, p. 542, 551.
2. Éd. Bonn, 721, 17.
3. II, 503.
4. T. II, p. 391, 487, 522.
5. Ducas, 275, 282. — Z. Dolfin, p. 24.
6. Miclosich et Müller, I, 312, ao 1351, τοποθεσία τοῦ Φανάρι.

après la prise de la ville : « a un luogo de tera che si chiama *el Fanare* ([1]). » La tour du phare est spécialement décrite par Phrantzès ([2]) et par Léonard de Chio ([3]).

68) Entre la porte du Phanar et Petri Kapoussi, la porte du *Pétrion*, se trouve le *Castrum Petrii*, bâti sur la cinquième colline, dont les falaises touchent presque la mer : c'était le siège de nombreux couvents et églises, et le rocher du *Pétrion* occupe la même place dans l'histoire ecclésiastique des Byzantins, que le mont Olympe en Bithynie, le mont Athos et la montagne de Ganos et Chora. Il existe une certaine confusion dans la topographie byzantine au sujet de l'existence de deux *Petria;* confusion qui cesse cependant lorsqu'on ne perd pas de vue l'étymologie : le *Petrion*, et les *Petria* (pluriel analogue à la porte τοῦ κυνηγοῦ et τῶν κυνηγῶν) prennent leur nom d'une église de Saint-Pierre, tandis que l'endroit ἡ Πέτρα, παλαιὰ Πέτρα; également siège de nombreuses églises et sanctuaires, et situé près de Balat dans le quartier Kesmé-Kaja (Rocher taillé), devait son nom à un véritable rocher. La petite porte de Petri Kapoussi est mentionnée pour la première fois par l'*Alexiade* ([1]) comme « porte de fer » σιδηρᾶ πύλη; après la fuite des Comnènes, Nicéphore Botaniate assigne comme séjour à la mère des Comnènes « τὴν ἀγχοῦ τῆς σιδηρᾶς διακειμένην γυναικείαν μόνην τῶν Πετρίων ([2]). »

Assaut de Constantinople par les Croisés, d'après le manuscrit de l'Arsenal, 109, hist.

L'attaque des Croisés contre les murs du *Pétrion* doit être considérée comme un des plus grands faits d'armes connus, vu les circonstances locales ; c'est la seule fois que les murs de Byzance aient été escaladés et conquis par un assaut, non précédé d'un bombardement, comme l'assaut de sultan Méhémed. Nulle part, sur toute la ligne des murs maritimes, on ne trouve des remparts aussi hauts et aussi solides.

69) La *Petite Chronique* en vers, publiée par Muller, cite la porte de *Petrion* ([3]).

---

1. Nicolo Barbaro, p. 56.
2. P. 254 :
3. *Patrol.* Migne, p. 935.

1. I, 103.
2. Bryennius, 126.
3. Ἀπὸ τε πύλεώς αὐτῆς τῆς οὔσης ἐν Πετρίῳ, v. 259.

Les deux portes suivantes, Jeni Aja et Aja Kapou tirent leur nom de la proximité de l'église de Sainte-Théodosie, aujourd'hui Goul Djami, la mosquée de la Rose : peut-être ces deux portes, dont l'une n'a été ouverte que longtemps après la conquête, portaient-elles aussi dans l'antiquité le même nom, si l'une, Jeni Aja Kapou, qui n'est qu'une poterne, n'était pas destinée à l'usage exclusif d'une petite église, adossée à son mur, et dont nous n'avons pu retrouver le nom. Les historiens du dernier siège donnent à cette porte le seul nom de *Porta divæ Theodosiæ* et πύλη τῆς ἁγίας Θεοδοσίας (1). Codinus (2), rapportant que l'impératrice Théodora trouva là l'or nécessaire à la construction de l'église des Sts-Apôtres, l'appelle πόρτα Δεξιοκράτους, ce qui s'explique par cette assertion du *Synaxaire* (3), que sainte Théodosie, après avoir subi le martyre, fut ensevelie dans le couvent de Dexiocratès. Il est permis de conclure encore de cette assertion, que l'église de Sainte-Théodosie, avec son tombeau, était située dans le *Tractus Dexiocratis*, et que la porte de Dexiocratès, énumérée aussi par Du Cange, était identique à la porte de Sainte-Théodosie.

70) Antoine de Novgorod (4) dit : « Haud « procul a Sta Theodosiá, venit St Isaias pro-« pheta, deinde venit ecclesia Sti Laurentii « et inde ascendendo, pergitur ad patrem « nostrum Antonium. » Ce passage nous permet de fixer la position importante de l'église de St-Laurent et du quartier Pulchérien (5).

L'anonyme topographe de Banduri et Michel Aichmalotès citent les deux églises de Saint-Esajas et Saint-Laurent dans le quartier de *Platea*. Il paraît possible de reconnaître ces deux églises dans les mosquées de Scheikh Mourad et de Pour Koujon, décrites par M. Paspati (1).

La mosquée de Scheikh Mourad était tombée tout à fait en ruines, et on pouvait admirer les restes de l'ancienne église Saint-Laurent, il y a deux ans encore. Actuellement, ces restes ont été remplacés par une construction moderne. M. Paspati a eu le mérite de conserver le souvenir des formes élégantes de ce sanctuaire, par un dessin exécuté peu de temps avant la démolition complète.

Restes de la colonne de Constantin.

En montant la cinquième colline, du côté de Sainte-Théodosie, on rencontre presque sur le sommet, une ancienne citerne, qui frappe par la beauté de ses piliers : c'est la citerne construite par l'impératrice Pulchérie, d'après le *Chronicon Paschale* (2).

---

1. Phrantzès, p. 254.
2. *De Sancta Sophia*, Éd. Bonn, p. 147.
3. Mai Κ. Θ.
4. *Exuv.*, II, 227. — *Itinéraires russes en Orient*, t. I, (1889), 104.
5. Il est confirmé par Procope, *De Aedificiis*, par Theoph. *An.*, 339, 18 ; par *Synax. May.*, et par le *Menolog*, Basile.

1. P. 381 — 382.
2. Éd. Bonn, 578.

71) La porte suivante « Djoubali Kapous-si » est appelée par Pusculus : *Porta Puteae*, « porta al pozo », par Z. Dolfin ; son nom grec est probablement « πόρτα εἰς Πηγὰς », porte conduisant au faubourg de *Pegae*, Πηγαί, situé juste vis-à-vis de cette porte sur la rive septentrionale de la Corne d'Or, aujourd'hui le faubourg de Kassim Pacha. M. Desimonis, dans ses remarquables études sur les quartiers génois de Constantinople (1), a le premier établi l'existence d'un faubourg de *Spigae* à l'ouest de Galata, faubourg qui est mentionné aussi par Antoine de Novgorod : « juxta Ispigas, in suburbio Ispigas ». L'ancienne carte de la Grèce, publiée par Mgr Sathas (2), donne également un endroit « Spigne » ou *Spigae* situé sur la Corne d'Or.

Le nom grec doit être Πηγαί, qu'il faut bien distinguer de la ζωοδόχος πηγὴ, en dehors des murs terrestres. Au temps de Denys de Byzance, cet endroit portait le nom de Κρηνίδες (3), ἀπὸ τῶν ἀναδιδόντων πηγαίων ναμάτων· πάνυ γὰρ ἔνδροσος καὶ κατάρρυτος ὁ χῶρος. cette description correspond parfaitement aux conditions actuelles du vallon de Kassim Pacha. A l'époque byzantine, la colline qui surmonte le vallon servait aux exécutions capitales ; c'est là que pendant la révolte de Nica, le préfet fit exécuter trois fac-tieux (4) : deux des suppliciés tombèrent des potences, et les moines du couvent voisin de Saint-Conon les sauvèrent.

72) Le nom de Πηγαί apparaît pour la première fois dans l'histoire du siège de Constantinople par les Avares (626), sous le règne d'Héraclius. Le *Chronicon Paschale* (5) rapporte que le Khagan avait amené avec lui un certain nombre de canots monoxyles, qu'il voulait lancer dans la Corne d'Or, près

du pont de Saint-Callinique, du côté nord : parce que l'eau étant peu profonde dans cet endroit, les navires byzantins (σκαφοκάραβου) ne pourraient s'approcher d'eux. Cependant cette opération manqua son but ; car la flotte byzantine disposée en diagonale à travers la Corne d'Or ἀπὸ τοῦ ἁγίου Νικολάου (devant l'église des Blaquérnes) ἕως τοῦ ἁγίου Κόνωνος πέραν εἰς Πηγὰς, ne permit pas aux monoxyles Avares de s'approcher de la ville. Une seconde fois, sous Léon VI, le faubourg de Πηγαί est mentionné.

Léon s'était rendu avec son amie Zoë εἰς τὰ Δαμιανοῦ (1), ἐν ἀγροῖς τισι (2), petit château de plaisance situé hors de la ville, si nous pouvons tirer quelques conclusions des indications assez vagues des Πάτρια, non loin de Saint-Phocas (Ortakoi). Pendant la nuit, les parents de Zoë résolurent d'assassiner l'empereur ; mais Zoë le réveilla, et l'empereur échappa à l'attentat en gagnant par terre « Πηγαί », d'où il rentra le matin au palais.

73) Critoboulos en racontant la descente des galères du Sultan Méhémed par le vallon de Kassim Pacha, l'appelle Ψυχρὰ ὕδατα, de sorte que nous avons trois syno-nymes pour cet endroit : κρηνῖδες, πηγαί et ψυχρὰ ὕδατα. La position du faubourg de *Pegae* sur la Corne d'Or est suffisamment établie par ces témoignages : les passages des documents génois publiés par M. Desi-moni reçoivent une explication satisfaisante.

Il ne reste plus qu'à prouver, que le nom de Εἰς πηγὰς se rapporte à l'une des portes maritimes de la capitale ; deux passa-ges seulement donnent une certaine vrai-semblance à cette hypothèse : 1° Suivant la *Chronique de Novgorod* (3), les Croisés attaquent la ville du côté de la Corne d'Or ; leurs vaisseaux s'avancent vers l'église

<hr>

1. *Giornale ligustico.*
2. *Monum. hist. Hellen.*, t. II.
3. Dionys. *B. Anaplus*, ed. Wescher, p. 14.
4. Théophan. I, 283.
5. P. 720.

1. Cedr. II.
2. Zonar. 16, 12.
3. Hopf. p. 97.

d'Évergètes et entament les murs « Ispigas et Blachernis tenus », c'est-à-dire vers l'est jusqu'à un endroit « Ispigarum » et à l'ouest jusqu'aux Blaquernes. — 2° Dans la trêve conclue avec les Vénitiens, Michel VIII Paléologue leur promet des quartiers sur le port à leur choix : « A palea exartesi usque ad Pigas » εἰς τὴν Κῶνπολιν εἰς οἷον τόπον θελήσουσιν ἀπὸ τῆς παλαιᾶς ἐξαρτύσεως μέχρι καὶ τῶν Πηγῶν. — A Constantinople même où ils voudraient choisir, entre l'ancienne exartesis et la porte de Pegae. — Ces deux textes deviennent par-

LÉGENDE.

1 *P. dellecorne* = Porta Blachernarum.
2 *P. pr messe* = Porta per Messe, (du milieu).
3 *Perpiscariam* = Porta pescariae (de la poissonnerie).
4 *St. Georgius* = St-Georges in Manganis.
5 *St Demetrius.*
6 *In hoc visus imp(erator) Teod(osius) equo sedens,* = colonne avec la statue équestre de Justinien.
7 *Hippodromo.*
8 *Pandecratoros* = Église du Pantocrator.
9 *Hic est Constantinus genuflexus* = Statue de l'archange Michel devant laquelle était agenouillé l'emp. Michel Paléol., offrant l'image de la ville, sur une colonne près des Sts-Apôtres.
10 *St Johannis de Petra.*
11 *Palatium imperatoris.*
12 *Sts Marcus (?).*
13 *Porta Sti Johannis.*
14 *Porta camidi ?*
15 *Porta cressa cesarea* (= p. chrysea).
16 *St Johannes studio.*
17 *St Andreas (in Crisi).*
18 *Perleptos* (Ste Vierge Perivleptos).
19 *Portus magnus.*
20 *Consile* = Condoscale.
21 *Domus Justiniani* (Tricline de Justinien Pinotmète).
22 *Domus Papae* (scil. *Hormisdae*)
23 *Portus divi Palatii imperialis.* (scil. *Bucoleontis*).
24 *Arsena* (Chantier).

Plan de Constantinople de Buondelmonte, photographié sur l'original conservé au Vatican.

faitement intelligibles lorsqu'on admet que la *Porta Puteae* des historiens du dernier siège, correspond à la dénomination grecque *Porta* εἰς πηγὰς.

74) La porte de Oun-Kapan correspond à la *Porta Messa* du plan de Buondelmonte publié par Banduri, à la *Porta Platea* de Pusculus, à la *Piazza* de Zorzi Dolfin. Ce nom vient du quartier de *Plateia* qui dans les derniers temps de l'empire avait remplacé l'ancienne désignation τὰ Ἀρματίου. Dans les documents de Müller et Miclosich (¹), on trouve : τὸ περὶ τὴν Πλατείαν ὀσπήτιον, ὁ ἐν τῇ Πλατείᾳ ταβουλάριος (²). Le nom de πλατεία s'explique suffisamment par la conformation du terrain, qui monte d'une pente très douce vers le milieu de la ville, de manière à former une sorte de plaine. Nous préférons cette traduction à celle de rue *Platea*, à cause de l'orthographe πλατεία (de πλατὺς) et en considération de la traduction de Dolfin. Le nom de *Porta Messa*, porte du milieu, dans Buondelmonte est conforme à la position qu'occupe la porte, à égale distance de la *Xyloporta* et de la Pointe du Sérail.

75) La seconde partie des murs maritimes du port, depuis Oun-Kapan jusqu'à la pointe du Sérail, est d'un intérêt capital pour l'histoire des rapports entre les puissances occidentales et l'empire byzantin ; les documents publiés par Tafel et Thomas, par Miclosich et Müller et en dernier lieu par M. Desimoni ont permis à M. Paspati d'en aborder avec succès l'étude topographique. Les contradictions et les obscurités des textes rendaient pourtant cette tâche assez difficile; aussi arriverons-nous peut-être, en compulsant de nouveau tous ces documents, à des résultats un peu différents de ceux obtenus par M. Paspati. Ils ne satisfont pas rigoureusement la critique, mais nous invoquerons, comme circonstances atténuantes, le langage extrêmement confus des documents et les nombreux changements apportés par le cours des âges, aux lieux eux-mêmes.

1. III, p. 461, an 1401.
2. III, p. 509, an 1401.

Entre la porte de Oun Kapan et la mosquée de Jeni Djami, jadis le couvent Saint-Antoine, μονὴ τοῦ κῦρ. Ἀντωνίου, se trouvent aujourd'hui quatre portes :

Ajasma Kapoussi.
Odoun Kapoussi : Porta Drungarii.
Sindan Kapoussi : Porta juxta quam est ecclesia Praecursoris.
Balukbazar Kapoussi : Porta Peramatis, Porta Piscaria.
Porte de Jeni Djami : Porta Ebrayki.

76) Avant la conquête, tout ce quartier était appelé « Ζεῦγμα », trajet, c'est-à-dire l'endroit de la Corne d'Or, d'où le trajet à Galata était le plus court et le plus facile. La porte Odoun Kapoussi emprunte son nom aux dépôts de bois qui sont établis sur les quais du port, et cela depuis le temps de Justinien ; les révoltés de Nika adressaient au fondé de pouvoirs impérial la question : « qui donc a tué le marchand de bois dans le *Zeugma ?* » — Plus tard le nom de *Zeugma* a été remplacé par celui de Pérama.

La porte d'Ayasma Kapoussi paraît avoir été ouverte après l'époque à laquelle Constantinople fut visitée par P. Gilles.

Dans la description des différentes régions de la ville, nous avons vu que cette porte était probablement la dernière du mur Constantinien sur la Corne d'Or, qu'elle portait aussi le nom de *Porta Basilica*, étant celle par laquelle on montait au Capitole, et qu'on doit chercher dans son voisinage l'ancien oratoire de Saint-Acace, surnommé ἐν τῇ Καρυᾳ.

77) Au-dessus de cette partie de la Corne d'Or, se dresse, par une pente très raide, le sommet de la troisième colline couronnée des édifices du Seriaskérat, de la mosquée Suleïmanié et du palais du Cheikh-ul-Islam. Au début du siècle, on y voyait encore la tour du Janissaire Agà et son palais. Si l'on doit se fier au dessin de Pertusier, c'est

le point où était située la *Vigla* des documents italiens : c'est-à-dire le siège du *drungarius Viglae*, le maître de la police. Rien ne s'oppose à ce qu'on place également ici le *Tractus Viglantiae*, ou *Viglentiae* malgré l'étymologie donnée par les *Patria*, qui donnent ce nom à un palais de Viglentia, sœur de Justinien. Au-dessous de ce point, au milieu de collines, on remarque des restes byzantins et une citerne — Soulouséraï — occupée aujourd'hui par une fabrique de savon. De cet endroit descendent toujours vers la porte Odoun Kapoussi de petits cours d'eau qui rappellent le « *aquae cursus descendens ab Vigla* » mentionné dans les traités vénéto-byzantins. La citerne correspond probablement à la citerne « τοῦ χρίου » de Codin et des *Patria*.

78) Nous proposons d'identifier l'ancienne *Porta Drungarii* ou *Viglae* avec l'Odoun Kapoussi actuel. Le quartier des Vénitiens, au XIIe siècle, commençait à cet endroit. D'après Anne Comnène, Alexis Ir leur accorda en général le quartier « ἀπὸ τῆς παλαιᾶς ἑβραικῆς σκάλας, μέχρι τῆς καλουμένης Βίγλας ». « depuis l'ancienne échelle Ebraïki jusqu'à la Vigla ». Dans le procès-verbal de la remise des terrains, la ligne de démarcation commence à l'occident « ab *Vigla* » et se dirige vers l'est, pour retourner de la *Judeca*, ἑβραικὴ, vers son point de départ en coupant trois rues ; elle passe aussi devant une porte, « *quae est juxta parvum templum Praecursoris* » (St-Johannis de cornibus, St. Joh. μυροκεράτου), le Sindan Kapoussi, où l'on a détruit, l'année dernière, les restes d'une petite église byzantine, et où il y a encore un petit ayasma. Dans la concession de terrains faite au patriarche de Grado (1206), on rencontre des détails plus exacts. Du côté de la mer, en dehors des murs « a comprehenso angulo turris monasterii Sti Georgii Majoris qui respicit versus orientem » jusqu'à la tour de Ste-Marie Karpiani, la distance est notée comme étant de 402 pieds, soit un peu moins que la distance actuelle du Baloukbazar Kapoussi à l'Odoun Kapoussi. A l'intérieur de la ville, le terrain concédé a pour limites, d'un côté les murs de la ville, et de l'autre, le mur « qui fuit Sevastocratoris ». Ce dernier n'existe plus, mais le nom actuel du quartier Takhti Kalé « au-dessous de la forteresse du mur », offre une réminiscence de ce mur, aujourd'hui disparu. A l'orient, le terrain est limité par la rue qui mène en ligne droite de la *Porta Ebraica*, au mur du *Sevastocrator*, à l'occident, par la rue conduisant directement de là, au béma de Ste-Marie Carpiani, adossée au mur du *Sevastocrator*. On ajoute : « inter quas proprietates, sita est ecclesia Sancti Akindiani ». Cette église de St-Akindynès est la principale église des Vénitiens, dont les poids et mesures sont la base des transactions commerciales. Nous lui assignons la place occupée aujourd'hui par la mosquée de Rustem Pacha.

79) Le document de Michel VIII donne la même délimitation : d'après lui la ligne de démarcation part de la porte « τῶν Δρουγγαρίων », passe à gauche de l'église Saint-Akindynès, ensuite par le béma de Sainte-Marie Carpiani et descend par la rue des Corroyeurs (*Corrigiariorum*, Ζωναρῶν) jusqu'à la *Porta Peramatis*, pour retourner de là vers la *Porta* Δρουγγαρίων.

Ainsi donc, les documents vénitiens nous donnent les noms de porte Δρουγγαρίων pour Odun Kapou, porte de Saint-Jean-aux-Cornes pour Sindan Kapou et de *Porta Ebraiky*, Peramatis, pour celle du Balykbazar. Cette dernière figure sur la carte de Buondelmonte, publiée par Mgr Sathas comme « *Porta Piscaria* ».

Nous apprenons aussi par les documents vénitiens la véritable position de l'église Sainte-Marie ἐν τοῖς καρπιανοῦ. La route des empereurs, lorsqu'ils se rendaient aux Blaquernes par terre passait par le *Makron Embolon*, Ouzoun Tcharchi, longue rue, qui conduisait jadis, comme actuellement, du *Forum Constantini* vers la mer en longeant la pente de la troisième colline. Théophane(¹), nous rapporte que l'empereur Maurice « ἀνυποδύτου λιτανεύοντος παρερχόμενος ἐν τοῖς καρπιανοῖς » « allant en procession nu pieds et passant par le quartier Karpiani », fut poursuivi par la populace à coups de pierre « ὥςτε μόλις διασωθῆναι καὶ τὴν εὐχὴν πληρώσας ἐν Βλαχέρναις, » « de manière, qu'il pût à peine se sauver et accomplir la procession des Blaquernes. »

« 80) Il s'en suit que la route du *Makron Embolon* continuait par la rue des Corroyeurs, et aboutissait à la *Porta* Δρουγγαρίων en passant devant l'église de Sainte-Marie ἐν Καρπιανοῖς. L'empereur Théophile, qui avait l'habitude de se rendre chaque semaine aux Blaquernes à cheval, recevait chemin faisant les requêtes des citoyens. Ayant été accosté un jour par les religieuses du couvent τὰ Μετανοίας, il en prit occasion de reconstruire cet édifice qui tombait en ruines et d'en faire le ξενών, connu sous le nom de ξενών Θεοφίλου (²). Les *Patria* de Banduri (³) décrivent ainsi cet édifice : « ἐν τῷ καλουμένῳ Ζεύγματι ἐπάνω τοῦ λόφου ὅπερ ὁρᾶτι εὔμηκες κτίσμα: » « la batisse situé au Zeugma sur la hauteur de la colline. » Les ruines encore visibles sur la pente orientale de la troisième colline un peu au-dessous du Seriaskérat correspondent à cette description : Pierre Gilles les attribua, d'après les récits de quelques vieillards, à l'église de Sainte-Irène τὸ πέραμα, qui cependant se trouvait ailleurs. Les mésaventures de la femme de l'empereur Justin qui passait un jour à cheval par ici, pour se rendre aux bains des Blaquernes sont rapportées fidèlement par les *Patria* et tous les topographes de Constantinople.

81) La rue qui longeait le quai du port entre la *Porta Drungarii* et la *Porta Peramatis*, portait le nom de « *Drungarii* (¹) ». Nicétas (²) en décrivant l'incendie qui avait pris son origine près de l'église d'Évergétès (cinquième colline), lui donne comme limite « μέχρι τῶν Δρουγγαρίου ». L'échelle maritime *Scala de Drongario* se trouvait placée « apud St. Johannem de cornibus (³) ».

Sur la carte de Buondelmonte, publiée par Mgr Sathas (⁴), la *Porta Piscaria*, est distinguée de la *Porta Ebraica* située plus à l'est. Il est à noter qu'après la conquête on appelait la porte qui mène à la cour, de la Jeni Djami : Tchifout Kapoussi, c'est-à-dire *Porta Ebraica*. Il paraît donc qu'à l'époque des Paléologues, il y eut un changement de noms, car, à l'époque qui nous intéresse (XIIIe siècle), la *Porta Peramatis* et la *Porta Ebraica* étaient identiques, tandis que la petite porte de Jeni Djami était appelée porte de Saint-Marc, en honneur d'une petite chapelle dédiée à ce saint. Dans un document publié par Tafel et Thomas (⁵), nous trouvons : « Terra ex « uno capite firmat versus orientem in porta « civitatis que dicitur Sti Marci, per quam « discurrit via publica, ex alio capite versus « occidentem firmat in porta qua exitur ad « Drongarium que dicitur Ebraiky, per « quam portam discurrit via publica. »

82) A l'est du quartier des Vénitiens s'étendait le quartier des Amalfitains et des Pisans; celui des Amalfitains ne dépassant pas la porte de St-Marc, ou de l'Icanatisse, comme elle est qualifiée dans les documents

---

1. I, 437.
2. Sym. Mag., éd. Bonn, 645.
3. Ed. Paris, 35.

1. Tafel et Thomas, II, 284: « Via quæ vocatur de Longaria extra murum civitatis. »
2. Ed. Bonn, 754.
3. Tafel et Thomas, II, p. 4.
4. *Monum. Hell.*, t. III.
5. T. II, 270.

relatifs à leurs établissements (¹). La place de Jeni Djami était occupée à l'ouest par la *Judeca* et ensuite par le monastère de Saint-Antoine qui est désigné par le Synaxaire (²), comme (Μονὴ τοῦ ἁγίου Ἀντωνίου) ἐν τῇ αὐλῇ τῶς ἐξαρτύσεως τοῦ Νεωρίου. Μονὴ τοῦ Καλλίου, Καλέως, Καυλέως (³). Ἐξαρτύσις est l'endroit où l'on préparait les vaisseaux pour le départ (⁴), « Werfte », et qui était situé près des principales échelles de la Corne-d'Or, le *Neorium* et la *Scala Sycaena.* Dans la trève de Michel VIII avec les Vénitiens, cet endroit est désigné comme Παλαιὰ Ἐξάρτυσις.

83) Le quartier des Pisans s'étendait de la porte *Icanatissæ* jusqu'à la porte du *Neorium* (Bagtché Kapoussi). Le couvent de Saint-Antoine, μονὴ τοῦ Κῦρ. Ἀντωνίου, figure comme point essentiel dans leurs capitulations. On leur accorda « τὰ ἐνοικικὰ τῆς μονῆς τοῦ Κῦρ. Ἀντωνίου » et l'échelle « ἐν τῇ τοποθεσίᾳ τῆς Ἰκανιτίσσης ».

La *Porta Neorii* ou de Bagtché Kapoussi sépare les quartiers des Pisans de ceux des Génois. Le procès-verbal de la remise de ce quartier aux Génois donne de nombreux détails topographiques sur la partie située entre cette porte et celle d'Eugène, limite orientale des Génois; il serait trop hasardé de vouloir en expliquer tous les détails avec les matériaux que nous possédons actuellement. Le couvent *Apologotheton*, remplacé aujourd'hui par le turbé d'Abdoul Hamid Ier, s'appuyait aux murs de la ville et formait le point de départ de la ligne de démarcation.

Entre les murs et le port, il y a là une large bande de terrain, occupée autrefois par les Officines des rames, les « *Coparia* », endroit appelé aussi Onorati ou Ἀναράται (⁵). Les couvents et édifices cités, *monasterium tou Mandilà*, de l'Archistratège « Θεῖος ναὸς τοῦ ταξιάρχου Μιχαὴλ ὁ περὶ τὴν ἐνορίαν τοῦ Εὐγενίου (¹) » « le temple divin du taxiarque Michel dans le quartier d'Eugène », du patrice Théodose, et le *Metachion* du B. Bassianus S. Elegmõn, se trouvaient tous dans la partie orientale du quartier génois, et par conséquent non loin de la *Porta Eugenii.* Nous trouvons citée aussi la *Porta veteris Rectoris s. Boni*, probablement près de Sirkedzi Iskelessi.

84) Les nouveaux quartiers génois situés au delà des colonnades d'Eubulus comprenaient un labyrinthe d'édifices appelés « Οἶκος Βοτανειάτου ἐν τῇ τοποθεσίᾳ τῶν Καλύβων » avec l'église de Saint-Jean Calybite. Nous avons assigné à cet Οἶκος Βοτανειάτου ou palais de Kalaman, l'emplacement de l'ancien ministère de la police, qui seul peut répondre aux conditions énoncées par le procès-verbal de la remise. Derrière cette bâtisse se trouve une haute muraille byzantine, portant encore sur ses assises les sigles des marbriers byzantins : ce sont les restes du *Castrum Fori*, que Michel Paléologue fit abattre après avoir logé les Génois à Galata. En prenant en considération les indications de Cédrénus et de Zonaras sur le grand incendie qui ravagea la ville sous Léon-le-Grand, nous devons placer l'église de Saint-Jean-Calybite près de cette construction, presqu'à la hauteur du *Forum*, dans la partie occidentale des quartiers génois et près de la *Porta Neorii.*

La porte de Jalikôchk et la porte Top Kapou correspondent aux deux *Porta Eugenii* et *Porta S. Barbaræ.* On reconnaît encore ces deux portes sur les dessins publiés par Banduri, Merian, Pertusier : aujourd'hui elles ont disparu avec les murs d'enceinte.

85) La *Porta Eugenii*, Πῦλαι Εὐγενίου, Μαρμαροπόρτα ἐν τῇ ἐνορίᾳ τοῦ Εὐγενίου (²) était d'une

---

1. Müller et Miclosich, t. I, p. 18, 23.
2. 31 août.
3. Vide Μαυροκορδατ. βιβλιοθήκη, ἀνέκδοτα, p. 41, couvent du patriarche Antoine Kauléas.
4. Cf. Théophile *An.*, Éd. Bonn., 39.
5. Léon Diac., p. 65.

1. Müller et Miclosich, II, 467, ao. 1399.
2. Müller et Miclosich, II, 564.

grande importance pour la capitale à cause du Λιμὴν Προςφόριος, *Portus Prosforius*, auquel elle touchait.

Les vivres et approvisionnements arrivant des campagnes étaient débarqués là, comme actuellement, à l'échelle près du pont : ce port changea plus tard de nom ; on l'appelait Λιμὴν Βοσπόριος, τὸ Βοσπόριον ; le terme de προσφόριον « Getreideſchranne » se conserva cependant longtemps encore (¹) appliqué à un autre emplacement. D'après les *Patria* et Codin, le marché aux bœufs se tint là « εἰς τὸ σιγματοειδὲς τεῖχος », jusqu'à l'époque de Constantin Copronyme, qui le transféra au *Tauros*. La forme sigmatoïde est encore visible ; elle provient de ce que les murs d'enceinte de l'Acropole se tournent ici vers le sud : c'est le point d'attache des

La chaîne du port de Constantinople (église de Sainte-Irène).

murs maritimes. La chaîne qui fermait ce port était fixée à la tour « Κεντηνάριος Εὐγενίου » près de cette porte (¹). Les restes de cette chaîne sont conservés dans la cour de Sainte-Irène à côté du monument de Porphyrius. Comme la Porte Dorée, la Porte d'Eugène servait aux entrées solennelles (²).

86) Les principales églises situées dans la circonscription de la porte Saint-Eugène, étaient celles de Sainte-Irène et de Saint-Paul ἐν ὀρφανοτροφείῳ. L'église de Sainte-Irène, ἡ πρὸς Θάλασσαν τὸ Πέραμα, se trouvait encore dans le rayon des possessions génoises (²). La description du grand incendie lors de

---

1. Leo Diac., p. 78., Cedr., II, 80.
2. Pachym., II, 85, 1 ; *Chron. pasch.*, 589, 572.

1. Müller et Miclos., IV, p. 101, 137, 156.
2. Tafel et Thomas, II, p. 4, ao. 1206 : « Concedimus « etiam proprietates, circa curtem S. Herinis foris muri « usque in dictam ecclesiam S. Herinis versus proprieta- « tes quæ quondam fuerunt Alamannorum. *Ibid.*, p. 53 : « Pro terratico unius pecie de terra, cum uno suo capite « firmat in via publica et alio in muro Stæ Herinis, uno « suo latere in Henrico Alamanno et alio in arcu volse « supradicte Stæ Herinis. »

la première occupation latine (¹), incendie qui eut le même point de départ et la même étendue que celui du 21 septembre 1865, confirme la position de cette église près de la porte Saint-Eugène ; elle nous apprend en outre, que les Sarrasins et les Allemands y avaient leurs quartiers, naturellement en dehors des *jura* des Génois. Lors de la construction de la gare des chemins de fer orientaux, on a retrouvé à cette place un grand nombre de briques byzantines portant toutes la marque de l'empereur Manuel, qui avait commencé la reconstruction de l'église.

Dans l'enceinte de Sainte-Irène se trouvaient le εὐκτήριον οἶκος τοῦ ἁγίου Ἰσιδώρου (²), tout près sur le bord de la mer et l'église τῆς ἁγίας Δυνάμεως (³). L'église et les institutions charitables connues sous le nom des Saints-Pierre-et-Paul « ἐν ὀρφανοτροφείῳ », étaient situées, d'après l'*Alexiade* (⁴), « ἐν τοῖς πρὸς τὴν Ἀκρόπολιν μέρεσιν » au pied de l'Acropole, et d'après Nicéphore Grégoras (⁵), « περὶ τὰς πύλας τοῦ Εὐγενίου », dans un endroit appelé τοῦ Σπουδαίου (⁶), d'après Antoine de Novgorod *in campo*, nom qui, d'après Georges Acropolite, s'appliquait surtout aux établissements italiens. Toutes ces indications assez vagues ne permettent guère de fixer cette église en un point certain ; on pourrait supposer qu'elle n'était pas située trop loin du Tchinlu Koechk actuel.

87) La pointe du Sérail « *Angulus Sti Demetrii* » est occupée par la porte de Sainte-Barbe, jadis Top Kapou. La description donnée par Nicéphore Grégoras (⁷) convient particulièrement au dessin cité plus haut. L'église de Saint-Démétrius, d'après les

Patria « ἄνωθεν τοῦ τείχους », occupait la place de l'École de Médecine actuelle : il n'en reste aucune trace, non plus que de celle de Sainte-Barbe, qui avait donné son nom à la porte, ni du κελλύδριον de Saint-Nicolas, attaché à l'église de Sainte-Barbe (¹). Pendant le dernier siège, le cardinal Isidore avait pris son poste à cette porte : « lo cardinal Isidor diffensava la porta di San Dimitrio verso el mar (²). »

En remontant de cette porte vers l'Acropole, on entre, après avoir passé le pont du chemin de fer, dans la première cour du Sérail de Top Kapou, où se trouve une haute colonne à chapiteau ionien avec l'inscription « Fortunae reduci ob devictos Gothos », probablement érigée en l'honneur de Claude le Gothique. Cette colonne est mentionnée par Nicéphore Grégoras « ὁ περὶ τὴν ἑῴαν ἀκρόπολιν ἱστάμενος κίων, ἐν ᾧ λόγος τὸν τοῦ Βύζαντος πάλαι σταθῆναι τοῦ κτίζαντος τὸ Βυζάντιον ἀνδριάντα ἐπὶ πολλαῖς ἡμέραις ἐσείετο (³) », « la colonne dans la partie orientale de l'Acropole, qui portait comme on dit, jadis la statue de Byzas fondateur de Byzance ».

VI.
Les murs maritimes et les quartiers de la Propontide.

88) LES première, deuxième et quatrième régions de la ville se touchent à la porte de Sainte-Barbe : nous avons déjà vu que la quatrième région comprend la plaine septentrionale adossée à l'Acropole et que la plaine méridionale forme la première région. L'angle même, le Sérail Bournou, pointe du Sérail d'aujourd'hui, portait au moyen âge le nom d'*Angulus Sti Demetrii*, couvent adossé à la pente septen-

---

1. Nicet. Acomin., p. 732.
2. *Synax*, 10 janv. et 19 juin.
3. *Habitacula Ste Dinameos:* Müller et Miclos., I, p. viii ; Müller et Miclos., I, p. 52.
4. II, p. 345.
5. I, 275.
6. *Synax.*, 11 janv
7. I, 505, 9.

1. II, 860.
2. Pachym., I, 270, 187.
3. Z. Dolfin, p. 24. — Nicet., 205, 5 : Ἑῴα πύλη ἥτις ἀνέωγε κατὰ τὴν ἀκρόπολιν.

trionale du rocher de l'Acropole, ou *Angulus Sti Georgii in Manganis*, couvent qui se trouvait sur la pente méridionale du même rocher. C'était l'emplacement du *Cynégion*, θεάτρον κυνηγετικὸν, κυνηγέσιον, qui, construit par Sévère ou Maximin, servit aux spectacles favoris des Byzantins jusqu'à l'époque de Constantin et plus tard aux exécutions capitales. L'ancienne description de la ville en fixe la place par les mots : « Regio « secunda (le plateau de l'Acropole) ab « initio Theatri minoris, per aequalitatem « sui latenter molli sublevati clivo, mox ad « mare praecipitiis abrupta descendit. » D'autre part, le Code théodosien le considère comme le point extrême de la plaine, qui s'étend d'ici jusqu'au port de Julien : «Omnes « fornaces, per omne spatium quod inter « Amphitheatrum et Divi Juliani portum per « litus maris extenditur, tolli præcipimus. » On rencontre encore une fois le nom de *Cynegion* sous Constantin Monomaque, lors de la construction du couvent de Saint-Georges. L'empereur passait ses journées auprès de la Sclérène, qui habitait dans le οἶκος τοῦ κυνηγίου (¹), sous le prétexte de surveiller la bâtisse.

89) De ce point jusqu'au Tzycanistérion et jusqu'à l'enceinte du Grand Palais, s'étend la grande plaine sur laquelle on rencontrait d'abord le couvent et l'église de Saint-Georges τῶν Μαγγάνων, avec la chapelle du Christ miséricordieux (Φιλάνθρωπος), le palais des Manganes, l'église de Saint-Lazare ἐν Τόποις, et le sanctuaire de la sainte Vierge *Hodegetria*. De tous ces magnifiques édi-

fices, aucune trace n'est restée, sauf les substructions du palais des Manganes, mises à découvert par les travaux de terrassement des chemins de fer orientaux, une petite niche avec inscription (église de Saint-Lazare), et un petit ayasma de la sainte Vierge dont le nom même a disparu. Les inscriptions des murs n'existent plus à leur place primitive ; les murs ont tellement changé d'aspect, qu'il serait difficile de découvrir aujourd'hui exactement la tour, mentionnée particulièrement comme tour des Manganes et qui était le point d'attache de la grande chaîne pour fermer l'entrée du Bosphore.

90) La première porte après celle de Ste-Barbe est le Deïrmen Kapoussi, qui est évidemment une ancienne porte byzantine ; il faut supposer qu'elle conduisait au couvent de Saint-Georges et qu'elle séparait celui-ci du palais des Manganes, situé plus au sud, à la place où l'on a mis au jour les substructions décrites par M. Paspati dans ses *Mélanges byzantins*. Au nord de cette porte se trouvait la tour des Manganes. D'après Nicétas (¹), Manuel Comnène avait construit une tour sur le rocher de Damalis, appelé à cette époque *Arcla* sur la côte asiatique, d'où une chaîne, allant jusqu'à la tour des Manganes, fermait l'entrée du Bosphore. Cette tour ne pouvait se trouver très éloignée de la pointe du Sérail, car elle était ἀντίπορθμος vis-à-vis de l'*Arcla*. (ἀντίπορθμος οὗτος ὁ πύργος τῆς τῶν Μαγγάνων ἄγχιστα δεδομημένης μονῆς (²). Sur cette partie des murailles se trouvait l'inscription suivante en une seule ligne :

ΕΠ…ΙΑΡΡΑΓΕΙΣΚΕΚΤΗΜΕΝΟΣΑΝΑΞΘΕΟΦΙΛΟΣΕΥΣΕΒΗΣΑΥΤΟΚΡΑΤΩΡ ΗΓΕΙΡΕ ΤΟΥΤΟ
ΤΕΙΧΟΣΕΚΒΑΘΡΩΝ ΝΕΩΝΟΠΕΡΦΥΛΑΤΤΕΤΩΚΡΑΤΕΙΣΟΥΠΑΝΤΑΝΑΞ ΚΛΕΙΖΟΝ ΑΥΤΟΜΕΧΡΙ
ΣΑΙΩΝΩΝΤΕΛΟΥΣΣΑΣΕΙΣΤΟΝΑΚΛΟΝΗΤΟΝ ΕϹ Τ....

« L'empereur Théophile, le pieux autocrate, érigea ce mur sur des nouveaux fondements, que Toi, ô Seigneur du Monde, tu veuilles garder pour ton empire inexpugnable jusqu'à la fin des siècles, inébranlable, ferme. »

---

1. Zonaras, 17, c. 27.

1. P. 268.
2. Cantacuzène, II, 438, 1.

Sur les tours suivantes se trouvent les inscriptions de Théophile, le grand restaurateur des fortifications maritimes de la capitale ; une seule d'entre elles porte aussi le nom de Michel son fils.

Aucune ruine, aucune trace, ne rappellent le célèbre couvent de Saint-Georges, qui a donné au Bosphore le nom de canal de Saint-Georges. D'après Antoine de Novgorod, nous devons chercher près de ce couvent, derrière le mur et au-dessus de la mer, l'église du Christ Miséricordieux (φιλανθρώπου Χριστοῦ) construite par Alexis Comnène, qui y trouva aussi sa dernière demeure, après avoir rendu le dernier soupir dans le palais des Manganes.

91) Dans ses *Mélanges byzantins*, M. Paspati veut mettre le palais de Bucoléon à la place des substructions, qui, de l'avis des autres topographes, appartiennent avec plus de raison à l'ancien palais des Manganes ; il s'appuie surtout sur la découverte de chapiteaux représentant un taureau et un lion, explication qui n'a point été admise par ses contradicteurs. Il suppose également que le port de Bucoléon, placé par le plan de Buondelmonte, avec plus de vraisemblance, près de la porte Akhyr Kapoussi, derrière les murs au sud des ruines, a été rempli plus tard. Or, rien ne prouve la présence d'un canal entre ce port artificiel et la mer : la roche vierge se montre sur toute la ligne sans interruption ; aussi Michel Attaliota a-t-il raison de dire que les nouvelles bâtisses élevées par Constantin Monomaque se distinguaient par un entourage de prairies (¹).

Après avoir passé les substructions du palais des Manganes on arrive à une petite porte, qui remonte aussi à l'époque byzantine. La plaine à l'intérieur des murs est occupée aujourd'hui par un vaste jardin potager, au milieu duquel se trouve un ayasma, souvent jadis visité par les fidèles, aujourd'hui ignoré et oublié. C'est la célèbre source, dont parlent les *Patria* et Codin « διὰ τὸ ἀναβλέψαι ἐκεῖσε τοὺς τυφλοὺς Ὁδηγὸν ἐκλήθη, » « qui fut appelée conductrice de chemins parce que les aveugles y recouvraient la vue », et c'est là que nous plaçons l'église et le couvent de la Vierge *Hodegetria*, érigés par Pulchérie et reconstruits par Michel Méthyrte. Nous reconnaissons dans la porte la « μικρὴ πύλη ἐπονομαζομένη τῆς Ὁδηγητρίας » de Ducas et celle qui est mentionnée par Pachymères (¹). D'après tous les témoignages, l'église et le couvent Ὁδηγῶν se trouvaient sur la mer et servaient quelquefois de pied-à-terre à ceux qui devaient s'embarquer, Bardas Caesar, par exemple, avant son départ pour une expédition contre les Sarrasins. Trois fragments d'une inscription en vers, encastrés dans le mur à côté d'Jndjili Köchk, se rapportent à la restauration de l'église sous Michel Méthyste par Bardas, domestique des Scholes.

92) Cette inscription que nous donnons ci-après, a tellement souffert qu'il a été impossible d'en donner une copie plus complète : la plupart des lettres étant effacées. Néanmoins ce qui reste, et ce qui a pu être vérifié après de nombreux examens, donne la certitude qu'il s'agit d'un épigramme adressé à la sainte Vierge (τῇ πόλει σοῦ) ; il est question d'un édifice, œuvre des empereurs d'autrefois, et d'une réparation exécutée sur les ordres (θεσπείκοτα) de Michel, par le Domestique des Scholes, Bardas.

93) L'emplacement de l'église de Saint-Lazare « πλησίον τῶν βάθρων τῶν λεγομένων Τόπων ἐν τοῖς τοῦ ἀρχιστρατηγοῦ μέρεσι ἐν Ἀρκαδιαναῖς » (²) ne doit pas être cherché trop loin de la Vierge *Hodegetria* et de la petite porte,

---

1. P. 48.

1. T. II, p. 338, 3.
2. Codinus.

TⲰNKPATAIⲰCⲆGCΠOCANTⲰNTOVC
YONTⲰCMIXAHⲒⲆGCΠOTHCⲆIⲘBA

ⲆGNOCΠPOCYΨOCHGVKOCMIANTO
TⲰNCXOⲒⲰNⲆOMGCTIKⲰHTⲆIPGIⲆ

HⲐⲐNGICΓHNTGIXOCⲐGCMGIKOTA
NONOPⲀGICMⲘTHΠOⲒGI ~ ✝ CⲨ

Ces trois fragments sont encastrés un à côté de l'autre dans l'ordre indiqué :

« Ce mur, œuvre incomparable pour sa hauteur et beauté des empereurs puissants ci-devant, tombé par « terre, a été érigé de nouveau comme ornement de la ville sur les ordres de l'empereur Michel par Bardas « maréchal des Scholes. »

qui est appelée tantôt porte de Saint-Lazare, tantôt porte de l'*Hodigitria*. L'endroit même paraît suffisamment indiqué par une inscription, qui se trouve encore à sa place primitive, autour d'une niche dans le mur même du côté intérieur, à 50 pas environ de la porte.

✝ ANVZATAIMOIΠYⲒⲘCⲆIKAIⲰCVNHCⲀICⲈⲒⲐⲰNGNAVTAICGZOMOⲒOTHCO
MⲀⲓTⲰKVPIⲰ ✝

« Ouvrez-moi les portes de la justification pour entrer et me confesser à Dieu. » (Psalm., cxviii, 19).

Tout près de cette place, se trouve la seule voie, par laquelle on puisse monter vers Sainte-Irène sur le plateau de l'Acropole ; c'est le καταβάσιον εἰς τὸν ἅγιον Λάζαρον [1], escalier jadis naturellement bien pavé, ce qui justifie le mot de βάθρα de Codin. A quelques pas vers l'occident, mais toujours dans la plaine et dans la direction du καταβάσιον εἰς τὸν Βουκολέοντα, doit être cherché l'emplacement de l'église de l'Archange Michel, ἡ νέα ἐκκλησία, *Ennea ecclesia* des pèlerins russes et de Buondelmonte. Nous arrivons ici à l'enceinte du vieux Sérail et au Phare, formant la limite orientale du Grand Palais : le *Tzycanisterion* et le *Mesaképion* qui touchent à la nouvelle église se trouvaient déjà en dehors de l'enceinte du Sérail.

94) L'espace compris entre le phare actuel et la porte d'Akhyr Kapoussi renferme les fondements du palais de Bucoléon : le seul endroit où des navires puissent jeter l'ancre depuis la pointe du Sérail jusqu'à Akhyr Kapoussi, se trouve devant l'échelle de cette porte ; c'est le port du Bucoléon. La carte de Buondelmonte [1] confirme cette supposition ; on y voit l'église de *Hodegetria* et de Saint-Lazare à côté de la petite porte ; ensuite la nouvelle église (*enea*) et une porte

1. Théoph., ao 859, et Les Gr. 272.

1. Sathas, *Mon. hist. hellen.*, III.

(Akhyr Kapoussi) avec un port artificiel « *Portus Palatii imperialis* ». Les restes du môle devant l'Akhyr Kapoussi sont visibles encore aujourd'hui. L'église qui touche à ce port vers l'occident, sur ce plan, ne peut être que celle des Saints-Serge et Bacche.

En poursuivant la ligne des murs vers l'occident, on arrive après la porte d'Akhyr Kapoussi à celle de Tchatlady Kapou, l'ancienne σιδηρᾶ πόρτα, et la mosquée de Koutchouk Aja Sophia, l'église des Saints-Serge et Bacche. D'après les chroniqueurs, le Grand Palais se terminait sur la mer par l'ancienne demeure qu'habitait Justinien avant d'arriver au pouvoir dans le *Tractus Hormisdæ* ([1]).

D'après Anne Comnène ([2]) le palais du Bucoléon ainsi que le petit port artificiel construit anciennement en maçonnerie et marbre auprès de ses murs, portait ce nom à cause d'un groupe en marbre représentant un taureau terrassé par un lion. Ce groupe existait encore en 1532, et les passages de l'historien Sagredo et de Petro Zen qui s'y rapportent, serviront à fixer d'une manière indiscutable la vraie position du palais et du port de Bucoléon.

Petro Zen, baile vénitien auprès du S. Suleïman, rapporte à la date du 14 déc. 1532 ([3]): « Alla porta dove si amazzan animali (— Tchatlady Kapou —) a costo delle colonne del Podromo da bassafuori della detta porta di marina un leone, sopra el qual e un grandissimo tauro, major bona- mente che il vivo, svenato dal leone, il quale li e montato supra la schina e lo ha altirato et da una banda ad una coscia del tauro e un grandissimo aio (?) e questo leone assai major del vivo e tutto di una pietra e di una bona mina questi animali soleano esser con le teste voltate verso Anatoli e par chi quella medesima notte (21 nov.) se voltas- sino colle teste verso Caspoli ». — A la porte où l'on abat le bétail, près des colonnes de l'hippodrome, en dehors de la dite porte de la marine était placé, etc. — Cette porte en bas de l'Asmeïdan ne peut guère signifier que celle dite aujourd'hui Tchatlady Kapou, la porte fendue, qui figure sur les cartes du XVIe siècle sous le nom, « porta liona della riva », et qui à la suite du trem- blement de terre de 1532 se fendit en même temps que ce groupe fut renversé. Sagre- do ([1]) raconte cet événement (1535), dans ces termes : « Prima che succedesse il disastro « in Costantinopoli un Leone di pietra, il « quale staua fuori della Porta à Marina « che con una Zanna afferrana un Toro « guardana prima verso Leuante si ritrouò « che staua riuolto à Ponente. E perchè « era situato sopra due colonne precipito « unitamente col Toro, che si ruppe una « coscia e cadè con la testa nel fiume in cui « parea certo modo che beuesse ».

96) Les ruines qui existent à quelques pas de la porte Tchatlady Kapou sur la mer, correspondent à l'ancienne maison de Jus- tinien ; elles sont séparées par la ligne du chemin de fer, d'autres substructions aux voûtes énormes qui supportaient un beau portail byzantin, aujourd'hui détruit et que continuait un large mur, les περιδρομοῖ Μαρ- κιανοῖ, limite occidentale du Grand Palais. Ainsi les limites maritimes du Grand Palais, y compris le Bucoléon, s'étendent du phare actuel à la porte de Tchatlady Kapou ; la limite occidentale passe à l'est des Saints- Serge-et-Bacche pour remonter vers l'Hip- podrome ; le Palais occupait donc le versant oriental de la première colline ou plus exactement du plateau de l'Hippodrome.

---

1. Anonym, Band : ἤρχετο μέχρι τῆς σιδηρᾶς πόρτας.
2. Alexias, I, 137.
3. Hammer, III, 675.

1. Sagredo, *Memorie istoriche de monarchi ottomani*, Venetia, 1673, p. 318.

Le versant occidental de celui-ci et la vallée méridionale entre la première colline et la seconde, comprenait le *Tractus Mauriani* et le *Tractus Hormisdæ* et le port Sophien.

97) Sur les deux piliers, qui flanquent l'issue de l'égout collecteur près de Tchatlady-Kapou, presque au-dessous de Kutchuk Aja Sophia se trouve l'inscription suivante:

ΕΠΙΒΙϹΙΕΠΙΤΟΥϹΙΠΠΟΥϹϹΟΥΚΗΠΠΑϹΙΑϹΟΥϹΩΤΗΡΙΑΟΤΙΟΒΑϹΙΛΕΥϹ

ΗΜΩΛΕΛΠΙΖΙΕΠΙΚ̅Ν̅ ΚΕΝΤΩΕΛΕΙΤΟΥΥ···ϹΤΟΥΟΥΜΗϹΑΛΕΥΘΗΟΥΚ

ΟΦΕΛΗϹΙΕΚΘΡΟϹΕΝΑΥΤΩΚΥΙΟΕΑΝΟΜΙΑϹ ΟΥΠΡΟϹΘΗϹΙΤΟΥΚΑΚΩ

ϹΕΑΥΤΟΝΑΙΝΩΝΕΠΙΚΑΛΕϹΕΤΕ Κ̅Ν̅ ΚΑΙΕΚΤΩΝΕΚΤΡΩΝΑΥΤΟΥϹΕΩΘ

ΗϹΕΤΕΞΟΥΔΕΝΩΤΕ ΕΝΩΠΙΟΝΑΥΤΟΥΠΟΝΗΡΕΥΟΜΕΝΟϹΤΟΥϹΔΕΦΟ

ΒΟΥΜΕΝΟΥϹΚΥΡΙΟΝΔΟΞΑΖΙ ·

« Il montera les chevaux et sa chevauchée sera le salut. Habacuc, III, 8. — car le roi espère en Dieu et il ne sera ébranlé en se confiant à la miséricorde de Dieu. Ps., XX, 8. — son ennemi ne pourra le vaincre et le fils de l'injustice n'aura de force sur lui. Ps., LXXXVIII, 23. — il implora en louant le Seigneur, et il sera sauvé de ses ennemis. Ps., XVII, 4. — le méchant est anéanti devant lui et il glorifie ceux qui craignent le Seigneur. Ps., XIV, 4. »

L'inscription des deux piliers n'en forme qu'une seule : ceux-ci formés d'une seule pierre, se touchaient par leurs bouts supérieurs : l'un d'eux a perdu un morceau, ce qui explique les lacunes qu'on y remarque. La forme des lettres et les fautes d'orthographe de cette inscription permettent de la faire remonter à l'époque de Justinien ; elle a été évidemment composée pour la statue équestre d'un empereur: l'endroit où elle se trouve actuellement prouve, qu'elle n'était pas destinée à cette place : d'autre part, les dimensions des deux piliers ne permettent pas de croire qu'ils ont été transportés de très loin. On peut donc admettre que nous nous trouvons en présence de inscription qui décorait le socle de la statue équestre de Justinien, érigée sur la place de l'*Augustéon*, près de Sainte-Sophie.

98) D'après Procope (¹) l'église des Saints Serge-et-Bacche et celle des Saints-Pierre-et-Paul étaient contiguës, au point d'avoir accès par la même porte d'entrée : elles touchaient immédiatement au Palais. Cette partie du Palais a été ajoutée par Justinien (²).

Immédiatement à l'ouest de cette église se trouvait le port Sophien, aujourd'hui tout à fait comblé, mais ayant conservé son nom de Kadriga Limani: d'après un plan de Constantinople, ce port, peu après la conquête ottomane, servait d'échelle pour les petits navires. La configuration actuelle permet encore de distinguer un port intérieur et un port extérieur, séparés par une étroite digue. L'histoire de ce port appelé d'abord port de Julien, est contenue dans les passages de Codinus (¹), Theophanes (²), Cedrenus (³), Théoph. Ann. (⁴), Malatas (⁵), Nicetas (⁶), Nicéphore Gregoras(⁷). L'archevêque Antoine de Novgorod donne la description du port à l'époque des Paléologues : « Non loin de là, se trouve le monastère « des Saints-Serge-et-Bacche. En allant de « l'Hipodrome au *Contoscopium*,on rencontre « la porte de la ville, une grille de fer fort « grande par où la mer s'introduit dans

---

1. T. III, p. 186.
2. Anonym. Band., 305.

1. 87.
2. I, 284, 364.
3. I, 685, 712, 775.
4. 564.
5. 479.
6. 585, 735.
7. II, 874.

« l'intérieur de la ville. Lorsque la mer est « grosse, on y tient environ 300 bateaux « catarchis dont quelques-uns ont jusqu'à « 300 rames, les autres 200. Ces bateaux « servent aux troupes navales, et quand « le vent est contraire ils ne peuvent avan-« cer ; ils s'arrêtent et attendent le vent « favorable. » Le *Contoscopium* des prélats russes paraît être identique au Βύχινον de Nicétas [1], et au Βούχανον des *Patria*, tour placée à côté de la porte en fer et qui, à juger de l'expression *Kontoscopium* (κατασκόπιον, κατασκέπη) servait d'observatoire, institution indispensable pour le principal port maritime de la ville.

99) Les principaux édifices qui entouraient le bassin du port Sophien étaient :

1. L'église de Sainte-Anastasie aujourd'hui Mehemed Pascha Djamii. Les preuves de cette identité ont été développées d'une façon magistrale dans les *Mélanges* de M. Paspati. Le nom officiel de cette église nous a été conservé par le continuateur de Théophane [2].

Vis-à-vis et au nord de Sainte-Anastasie se trouvent les substructions du grand *Bain public de Dagisthée* [3]. Tibère Constantin proclame ainsi le nom de son épouse Anastasie aux factions du cirque : ἡ ἀντικρὺ τοῦ δημοσίου λουτροῦ Διηγιστέως ἐκκλησία ὁμώνυμός ἐστι τῇ Αὐγούστῃ [4]. « L'église vis-à-vis du bain de Dagisthée porte le nom de l'Impératrice. » Au sud de l'église de Sainte-Anastasie et presque au bord du port Sophien on peut reconnaître encore les restes d'une substruction byzantine servant de fondements aux bâtiments adossés à la mosquée : c'est tout ce qui reste des célèbres προαυλεῖα ou ἔμβολοι de Domninus.

2. Les églises de Sainte-Oraeozèle, des Macchabées, de Sainte-Anne, de Saint-Jean Cinthel, de Saint-Platon (aujourd'hui Kadrigalim an Djamii ?), de Saint-Georges τὰ χοντάρια et de Sainte-Thècle τὰ χοντάρια.

100) 3. Le palais de l'impératrice Sophie construit par Justin II.

Il est probable que ce palais était construit sur le versant de la deuxième colline, qui limite le bassin du port, à l'endroit où est marqué sur le plan de Kauffer le palais d'Esmâ Sultanâ ; c'était probablement aussi la demeure du Sévastocrator Isaac, convertie en hospice par Isaac l'Ange [1].

4. L'église de Saint-Thomas apôtre, τὰ Ἀμάντου, située à l'extrémité occidentale.

L'église ne se trouvait pas tout à fait au bord de la mer, ce qui résulte du récit de l'incendie raconté dans la vie de l'archevêque Alexandre [2].

Le môle qui s'avançait en ce point dans la mer et dont il n'y a plus de traces, portait le nom de l'église [3]. Christinos le Bulgare est égorgé ἐν τῷ μούλῳ τοῦ ἁγίου Θωμᾶ.

5. L'église de l'Archange Michel τοῦ Ἀδδᾶ [4], reconstruite par Justin II lorsqu'il bâtit le palais et le port de Sophie, ne peut être cherchée ailleurs qu'au haut des collines voisines du bassin du port. Il se trouvait près de Saint-Julien πλησίον τοῦ φόρου. En considérant la situation de Saint-Julien, on ne peut accepter la tradition, qui veut que la

---

1. P. 733.
2. P. 325. Cod. m. 88.
3. Cedr., I, 688.
4. Anohym. ap. Band. « ὁ καλούμενος Δ....στεὸς τὰ Μαυ-« ριανοῦ. »

1. Nicet : 585 : ἀλλὰ καὶ τὴν ἐπὶ τὸ κάταντες (in ardua parte) ἐν τῷ λιμένι τῶν Σοφιῶν ἑστίαν Ἰσαακίου τοῦ σεβαστοκράτορος εἰς πανδοχεῖον μετασκευάσας.

« On convertit en hospice le palais du Sévastocrateur Isaac, situé sur la hauteur du port Sophien. »

2. Symeon Metaphr. ap. Du Cange in add. p. 136.
« ἀρχὴν μὲν γὰρ ἔλαβεν τὸ πῦρ ἐκ τοῦ νεωρίου ἔνθα ὁ οἶκος « ἐστὶν ὁ λεγόμενος Ἀμαντίου κἀκεῖ ἐπαύσατο κυκλόθεν ὑπὸ « τῆς θαλάσσης καὶ οὐκ ἔχον ὅπου χωρήσει περειτέρω. »

« L'incendie débuta dans le port, près de couvent d'Amantius et se termina ici, empêché par la mer et ne trouvant d'autre matière combustible. »

3. Théoph., I. 673.
4. Τοῦ Ἀδδῶ (*Synax*).

mosquée de Mahmoud Pacha, au nord de la rue Mése, fût jadis l'église de l'Archange en question.

101) 6. L'église de Saint-Julien, καλούμενος πέρδιξ. Elle se trouvait non loin du *Forum Constantini* (¹), sur la pente de la seconde colline vers le port Sophien non loin peut-être du tombeau de Fuad Pacha (²).

D'après l'Anonyme de Banduri, Constantin Copronyme incendia cette église ; le plomb de la toiture se fondit et coula jusqu'au port Sophien.

La catastrophe de l'empereur Phocas, d'après le *Chronicon Paschale* (³) et les fragments de Jean d'Antioche (⁴) permettent de vérifier les détails topographiques de cette partie de la ville. Lorsque Héraclius s'approcha de Constantinople, le tyran Phocas prépara la défense de la ville de la manière suivante : la faction bleue occupa, τὰ ἐπὶ Ὁρμίσδου ; les verts, le port Sophien et τὰ Καισαρίου ; Priscus, τὰ Βοραΐδος avec le corps des Excubiteurs, placé entre le port Sophien et le port de Césarius.

102) Le factionnaire Kalliopas s'avança alors dans une barque jusqu'à la pointe du môle de Saint-Thomas (ἀκρόμωλον) et donna le signal à la faction verte d'incendier le quartier de Césarius. A ce signal la flotte d'Héraclius s'approcha, et Phocas fut arraché à l'autel de l'église de l'Archange Michel du palais. On le conduisit comme s'il devait se rendre au palais de Sophie (à l'ouest du port Sophien), mais avant d'arriver à ce point, on l'embarqua dans le port, pour le mener à Héraclius.

103) En contournant la crête de la seconde colline, on arrive à la porte de Koum Kapou, *Porta Contoscali*, τὸ κοντοσκάλη ἡ πόρτα. Le mur au lieu de continuer en ligne droite tourne vers l'intérieur, et, après avoir formé un Σ rectangulaire (⊏) arrive de nouveau à la mer. La tour à laquelle commence le sigma porte cette inscription de Léon VI et Alexandre.

ꓕꓵꓤΓΟƆ ꓥΟƎꓥꓕꓳꟼᗅ∧‖⌷⌷⌷⌷⌷⌷⌷⌷‖ ꓘᗅ∧Ɛ Ƶ ᗅ Nᗅ

(Tour de Léon et d'Alexandre.)

Une grande partie du bassin formé par ce ⊏. qui est protégé contre les vagues par un môle formidable, est comblé actuellement. Le port paraît avoir porté le nom de λιμὴν Καισαρείου (⁵), et de *Heptascalon* (⁶).

Buondelmonte, en parlant de la porte de Vlanga (Jeni Kapou) dit : « Hic Condoscali vel Arsena ».

Parmi les églises du quartier, la plus célèbre était l'église double des Saints-Acace-et-Métrophane, premier patriarche de Constantinople (¹). Antoine de Novgorod s'exprime ainsi. « In ecclesia Sti Acacii habentur reliquiae ejusdem martyris et pone altare sepulchrum Sti Metrophanis (²). En allant vers l'est pour arriver à Saints-Serge-et-Bacche, il doit tourner la seconde colline, ce qu'il exprime dans le paragraphe suivant : « Ex altera parte monticuli posita est ecclesia SS. Sergii et Bacchi. » Les *Synaxaria* (³) mentionnent encore l'église des Saints-Chrysanthe-et-Euphémie, πλησίον τοῦ ἁγ. Ἀκακίου. Malgré l'absence de toute tradition, nous

---

1. *Synax.* 21 juin.
2. *Synax.* 17 nov. Ζαχαρίας σκυτοτόμος : κλίνας δὲ ὁ φαινόμενος ὀλίγον ἀπὸ τὴν ἴσην ὁδὸν διευθύνετο εἰς τὸν κατήφορον κατὰ τὸν κλίμακα τοῦ ἁγίου μάρτυρος Ἰουλιανοῦ. « En quittant la grande rue il se dirigeait vers la descente par l'escalier de Saint-Julien. »
3. 695 et ss.
4. Müller, *Fragm. H. G.* t. II, 38.
5. Théoph., I, 541.
6. Cedr., II, 240. — Cantacuz., III, 212, 18. Id., III, 72, 74. — Pachym., I, 65.

1. Cedr., 2, 240.
2. *Exuviæ*, C. P. II, 228.
3. Jan.

inclinons à assigner à ces deux sanctuaires la place occupée aujourd'hui par la triple église patriarcale des Arméniens Grégoriens, non loin de Koum Kapou. La petite église grecque *Panagia Elpidos*, près de Koum Kapou, est mentionnée dans les *Acta patriarch.* de Müller et Miclosich [1].

104) De la porte de Condoscali, le mur se dirige en ligne droite jusqu'à la porte de Vlanga Jeni Kapou, la nouvelle porte de Vlanga, où elle se divise en deux branches, comprenant entre elles le port Éleuthérien. Les quartiers de la ville, derrière cette partie des murs, appartiennent à la neuvième région : le port Éleuthérien se trouve dans la XII⁰ région. Le port Éleuthérien, comblé déjà à l'époque de Théodose II, est appelé aujourd'hui Vlanga Bostan, les jardins de Vlanga ; car il est occupé entièrement par des jardins potagers arrosés par le Lycus, qui se jette là dans la mer. Il en était de même à l'époque byzantine [2]. Le quartier avoisinant portait le nom de Βλάγγα au XIII⁰ siècle [3]. La demeure d'Andronic Comnène se trouvait là [4].

L'étymologie du nom de *Vlanga* est indiquée par la désignation « *la Ulucca* » qui se trouve sur les cartes des XV⁰ et XVI⁰ siècles : le mot grec vulgaire αὔλαχα — port maritime — a donné l'origine au nom de *Vlanga*. Le nom de *Porta Vlangæ* se trouve sur le plan de Buondelmonte.

105) La *Notitia urbis C. P.* cite deux églises dans la IX⁰ région : l'une d'elles est l'*Homonæa*, érigée par Constantin le Grand. Le nom de cette église [5] était dû à la présence des reliques des deux saints Pantélémon et Marinus, et se changea bientôt en celui de St Pantélémon, après la restauration du monument par Théodora, femme de Justinien I⁰ʳ. Celle-ci, arrivant de Paphlagonie, avait gagné sa vie en tissant des laines dans l'*embolos*, probablement pour l'*oxybaphium* (atelier impérial de teinturerie en pourpre) ; situé également dans cette région ; parvenue au trône, elle remplaça son ancienne demeure par *le temple de Saint-Pantélémon* [1]. Ce récit, assez douteux, est intéressant, par la mention de sa manufacture des laines ; il paraît affirmer une restauration sous Justinien. Cette église était toujours l'objet d'une vénération particulière de la cour. Constantin Porphyrogénète [2] décrit la procession impériale du jour (27 juillet) consacrée à la mémoire de saint Pantélémon. L'empereur se rend à cette église située dans le *Tractus* τὰ Ναρσοῦ, par mer ; il débarque à l'échelle εἰς τὰ κανικλείου, où il monte à cheval pour arriver à l'église de Saint-Pantélémon. Dans la ligne des murs depuis Koum Kapou jusqu'au port Éleuthérien il n'y a qu'une seule échelle qui permette de débarquer, celle de Vlanga Jeni Kapou : le quartier et l'échelle τὰ κανικλείου se trouvaient donc à cet endroit ; et l'église de Saint-Pantélémon un peu vers l'orient et à l'intérieur de la ville, assez loin de la porte de Kondoscali.

La succession des édifices dans Codin et dans les *Patria*, est, dans la direction ouest-est : le port Éleuthérien et τὰ κανικλείοι, — ἄγ. Παντελεήμω, — τὰ Ναρσοῦ (c'est-à-dire le *xenodochium*, le *gerocomion* de Narses, — le μοναστήριον τῶν καθαρῶν, l'*oxybaphium* (teinturerie en pourpre) et SS. Probus-Tarachus-et-Andronicus, — ἄγ. Θωμᾶς τὰ Ἀμάντου. De toutes ces églises et édifices aucune trace n'a été retrouvée jusqu'à présent.

106) Plus loin, en remontant vers le *Forum Tauri* on rencontre la mosquée Budrun

---

1. II, pag. 468.
2. Müller et Miclos., II, p. 394.
3. Nicet., 170, 22.
4. Müller et Miclosich, II, 367.
5. Ducange, *Homonæa*.

1. *Cod.*, p. 104.
2. *De Cærem.*, I, p. 560.

Djami, avec une belle citerne antique. L'identité de cette mosquée avec l'ancienne église *Myréléon* n'est point douteuse. Le couvent de Mosélé, qui joua un rôle important dans les troubles ecclésiastiques sous Andronic II Paléologue, était appelé aussi *Chrysocamera, Christocamera.* Il était situé à l'est du couvent de *Myréléon* (ὄπισθεν τοῦ Μυρελαίου) et non loin de l'église de Saint-Acace.

L'église Καινούπολις se trouvait sur le versant de la troisième colline et non loin du *Forum Theodosii.* Le *Chronicon Paschale* ([1]) rapporte, que sous Théodose II, un tremblement de terre fit tomber les tuiles en bronze du *Forum Theodosii,* ἐπὶ Καινούπολιν. Les *Synaxis* attestent que Saint-Agathonic se trouvait dans le voisinage de la *Cænopolis.* La tradition conservée par les *Patria* prétend que Saint-Agathonic était situé près du Palais, et qu'il fut englobé dans son enceinte par Tibère Constantin : il faudra rejeter cette assertion ; car la Καινούπολις se trouvait dans la VIIᵉ région, à moins que l'on ne veuille supposer que le palais en question fût celui du *Forum Theodosii,* appelé *Alonitzion.* L'anonyme de Banduri et Théodore Anagnoste, en parlant des deux statues de Vérine, ont placé l'une près de Saint-Agathonic, μετὰ τὴν ἄνοδον τῶν ἐκεῖσε βαθμίδων « après la montée des gradins », l'autre vis-à-vis, ἐν τῷ Ανεμοδουρίῳ πλησίον τῆς ἁγίας Βαρβάρας ἐν τῷ Ἀρτοτυριανῷ τόπῳ « dans l'*Anemodoulion,* près de sainte Barbe du marché *Artotyrianos* ». Ce passage contient des renseignements précieux sur la situation de St-Agathonic, de Sainte-Barbe des *Artopalia,* qu'il faut distinguer de Sainte-Barbe à la pointe du Sérail et de l'*Anémodoulion.* Antoine de Novgorod qui avait visité les sanctuaires voisins du *Forum tauri,* passe par l'église

1. P. 570.

de Saint-Agathonic avant d'arriver à Saint-Acace in *Heptascalo.*

107) Saint-Théodore τὰ Κλαυδίου, paraît être identique avec l'église grecque actuelle de Saint-Théodore, près de Jeni Kapou, au sud du *Myréléon.*

Moïse et Aaron recevant les tables de la loi. — Bas-relief provenant des murailles de Constantinople près de Jeni Mevlane Kapoussi. L'inscription porte : « Διαφερεί Ἰωάννη ἰατρῷ. »

Le port Théodosiaque ou Éleuthérien est double, comme le port Sophien : on distingue encore parfaitement le port intérieur, séparé du port extérieur par une bande de terrain assez large. Du côté de la ville on voit les restes d'un mur d'enceinte, datant de Constantin le Grand. Les murs du côté maritime sont d'une construction plus récente. Entre les deux tours, qui gardaient l'entrée du port, tours probablement reliées par une grille, et si remarquables par leur singulière toiture, se trouve l'inscription suivante, qui indique la construction ou plutôt la restauration qui eut lieu sous Théophile et Michel :

ΜΙΧΑΗΛΑΥΤΟΚ

Du côté de la ville nous devons placer le quartier τὰ Ἐλευθερίου, et le palais d'Éleuthère qui servit de séjour pendant quelque temps à l'impératrice Irène. Le nom actuel du quartier (Ak serai, le palais blanc) contient probablement une réminiscence de cet ancien palais.

108) Le port d'Éleuthère se termine à l'occident, à la porte de Saint-Émilien, Daoud Pascha Kapoussi ; l'église de Saint-Émilien ainsi que celle de la Sainte-Vierge située près de la porte Ῥάβδου n'ont laissé aucune trace ; de même l'église de l'Archange Michel *Abakia* (ἀβάκια), qui se trouvait là au pied de la VIIe colline, *Xerolophos*, a complètement disparu. Le commencement du mur de Constantin se trouve plus à l'occident, vers le quartier actuel d'Etjèmes où des restes anciens, disparus aujourd'hui, indiquent l'emplacement de la μονὴ τῶν Δίου.

La porte de Samatia Kapoussi a gardé son ancien nom πύλη τοῦ Ψαμαθίου, Ψαμαθέα, ainsi que tout le quartier adjacent. Le mot *Psamathia* ne peut avoir d'autre signification que celle de sable, la seule qui s'explique par les conditions topographiques : nous avons à Londres « le strand », en plusieurs villes du nord un « sandthor », porte du sable et à Constantinople même le Koum Kapou. L'orthographe de Phrantzès (¹) ἕως ἐγγὺς τῶν Ἰψωμαθίων est un *lapsus calami*.

La porte Narli Kapou (porte des grenades : les jardins près de cette porte abondent en grenadiers), correspond au couvent de Saint-Jean-Baptiste τὰ Στουδίου (Imrakhor Djami). Le cérémonial de Constantin Porphyrogénète (²) la mentionne mais sans lui assigner de nom précis. Les empereurs qui s'y rendaient, le jour de la commémoration de saint Jean Baptiste, débarquaient à cette porte. Après le service divin ils déjeunaient dans le jardin attenant à l'église εἰς τὸ ἐκεῖσε ἀναδενδράδιον. Sur la tour octogonale à l'est du Narli Kapou il y avait l'inscription suivante :

✝ ΑΝΕΚΑΙΝΙCΘΗΠΑΡΑΜΑΝΟΥΗΛΑΤΟΥΦΙΛΟΧῩ ΒΑCΙΛΕΩCΠΟΡΦΥΡΟΓΕΝ·
ΗΤΥΚΑΙ ΑΥΤΟΚΡΑΤΟΡΟCΡΩΜΑΙΩΝΤΥΚΟΜΝΗΝΟΥΕΝ ΕΤΕΙ ϚΧΟΒ Ῑ̄Β ✝

Reconstruit par Manuel Comnène Porphyrogénète, le pieux empereur des Romains en 6672, 12 indict. (1163-64).

VII.
Rues et édifices du centre.

109) APRÈS avoir passé en revue les conditions topographiques de l'enceinte occidentale et des deux côtés maritimes, il reste encore à examiner la disposition des principales rues et édifices du centre. Cette tâche est facilitée par ce fait, que la rue la plus importante de la ville, la Μέση, relie les grandes places publiques entre elles, et qu'elle suit la crête des sept collines depuis le Grand-Palais et la cathédrale de Sainte-Sophie jusqu'aux grandes portes du mur occidental. En suivant cette grande artère, on aura occasion de rencontrer tous les édifices et églises, qui n'auront pas été mentionnés dans les chapitres précédents.

Les principales sources, pour cette partie de la topographie byzantine sont, d'abord, les indications contenues dans le livre des *Cérémonies*, sur la direction et les différentes stations que devaient toucher les empereurs lors des processions ou des entrées triomphales : le Porphyrogénète mentionne chaque fois, avec une exactitude scrupuleuse, les endroits où l'empereur était salué par les acclamations des différentes factions. En second lieu, nous devons tenir compte de l'ordre dans lequel les *Patria* donnent la description des édifices : abstraction

1. P. 253, 4.
2. Cst. P. t. I, p. 562.

PLAN DE CONSTANTINOPLE, PAR SCHEDER, (XVIIIe siècle), D'APRÈS L'EXEMPLAIRE DU BRITISH MUSEUM
(N° 43.930 (2).)
(Haut du plan.)

faite d'un certain nombre de digressions qui sautent aux yeux, l'auteur de ce livre parcourt très régulièrement la ville sur trois lignes. En dernier lieu nous nous rappellerons qu'Antoine de Novgorod observe aussi dans l'énumération des sanctuaires de la ville un certain ordre, motivé par la situation topographique de ces sanctuaires.

110) Le livre des *Cérémonies* mentionne les stations suivantes ([1]).

Du Palais au *Forum Constantini*.

1. Κάγκελοι τῆς χαλκῆς, la porte d'entrée du Grand-Palais.
2. Ζεύξιππος ou Ἀχιλλεύς, πύλη τῆς μελέτης.
3. Μαρμαρωτὸν *(Augusteum)*.
4. Μίλιον, πλακωτὸν τοῦ μιλίου, κάμαρα, φουρνικὸν, ἔμβολος τοῦ μιλίου.
5. Ἅγ. Ἰωάνης ὁ θεολόγος.
6. Ἔμβολος πλησίον τοῦ Λαύσου.
7. Πραιτώριον.
8. Ἀντιφορος.
9. Φόρον Κωνσταντίνου.

Du *Forum* au *Philadelphium*.

1. Μακρὸς ἔμβολος τοῦ Μαυριανοῦ.
2. Ἀρτοπώλια, ἀρτοποιοὶ φουρνικὸν τῶν ἀρτοπώλων.
3. Ταῦρος.
4. Ναὸς τῆς Παναγίας τῶν Διακονίσσης.
5. Μόδιος.
6. Φιλαδέλφιον.

Du *Philadelphium* à l'église des Apôtres.

Parvenu au *Philadelphium*, l'empereur, pour arriver à l'église des SS. Apôtres passait par :

1. Ἁγία Εὐφημία τοῦ Ὀλυβρίου, τὰ τοῦ Ὀλυβρίου.
2. Ἅγιος Πολύευκτος.
3. Ἅγιος Χριστοφόρος.
4. Μαρμάρινοι Λέοντες.
5. Ἅγιοι Ἀπόστολοι.

Du *Philadelphium* au Palais et à l'église de la Sainte-Vierge-Pegé.

1. Φιλαδέλφιον.
2. Ἀμαστριανὸν.
3. Βοῦς.

---

4. Μέση τοῦ ξηρολόφου.
5. Πρώτη καμάρα τοῦ ξηρολόφου.
6. Εὐκτήριον τοῦ ἁγίου καλλινίκου.
7. Μονῆτα.
8. Ἐξακιόνιον.
9. Τρίοδος ἔνθα ὁ ναὸς τοῦ ἁγίου ἀποστόλου Ὀνησίμου· ἐκνεύει δεξιᾷ καὶ διέρχεται διὰ τοῦ
10. Ἁγίου Ἰακώβου τοῦ Πέρσου.
11. Ναὸς τοῦ ἁγίου Μωκίου.
12. Ἀγωγὸς ἐν ᾧ τὸ ὕδωρ ἐκρεῖ.
13. Ἔμβολος ἐν ᾧ ὁ κίων ἵσταται (le *Sigma* ou porte militaire n° 3 près de la Porte de Selymbria, où se trouvait une statue de Théodose II, érigée par son eunuque Chrysaphios.)
14. Ζωοδόχος πηγή.

111) C'est au *Triodos* de Saint-Onésime que se séparaient les chemins dont l'un remontait à l'église de Saint-Mocius et à la porte de Sélymbrie, et dont l'autre descendait au sud vers l'église de la Périblepte, Saint-Jean *Studii* et la Porte Dorée.

Ainsi Constantin Porphyrogénète nous dessine assez clairement la direction de la principale rue (Μέση λεωφόρος), que nous pouvons retracer, en nous servant des noms actuellement en usage, de la manière suivante.

La rue commence devant Sainte-Sophie et se dirige en passant devant l'Atmeïdan, la colonne brûlée et la mosquée de Bajazed jusqu'à la place du Seras Kiérat (Ταῦρος). Elle arrive, en touchant Kalender Djamii (θκς τῶν διακονίσσης) à la mosquée de Schekhzadé *(Philadelphium)*, où elle se sépare en deux rues dont l'une conduit à la mosquée de Sultan Mehemed (Saints-Apôtres), l'autre à Ak Seraï (Βοῦς). Ak Seraï au pied du *Xerolaphus* (septième colline) est le point où se rejoignent les chemins partant des trois grandes portes Top Kapoussi (Saint-Romain), Silivri Kapoussi et Jedikoulé Kapoussi. Celle qui mène à Top Kapoussi (Saint-Romain) n'est pas mentionnée par Constantin Porphyrogénète, tandis que la rue décrite ne peut être que celle qui conduit d'Ak Séraï à la colonne d'Arcadius (Awret Bazar) et jusqu'à la mosquée de Kodja Moustapha, où en effet existe une nouvelle bifurcation : l'une des voies conduisant par Samatia, Soulou Monastir (Périblepte) et Imrakhor Djami (Saint-Jean *Studii*) à Jedi koulé, les Sept Tours, l'autre, n'étant qu'un étroit passage qui mène à la mosquée de Hékim Oglou Aali Pacha (Saint-Jacques-le-Perse), Alti mer-mer *(Exakionion)*, Tcóukour Bostan *(Cisterna Sancti Mocii)*, et finalement à Silivri Kapoussi.

112) L'auteur anonyme des *Patria* (¹) commence sa description de la partie centrale de la ville par l'*Augustéon ;* la colonne de Justinien et les parties du Grand-Palais, qui entourent cette place (Chalke, *Magnaura*). Il continue, en parlant successivement du Miliaire d'Or (²), de l'église de Saint-Jean Apôtre (³), de Saint-Théodore *Sphoracii*, de l'Octogone (⁴), du palais de Lausus (⁵), du *Forum* de Constantin (⁶), de l'*Artopolion* (⁷), de la colonne de l'*Artopolion* (⁸), du palais de Toxaras (⁹), de l'église des XL Martyrs, de l'*Anemodoulion* (¹⁰), du *Forum Tauri*, des églises de la Sainte-Vierge τῆς Διακονίσσης et τὰ Κουράτορος (¹¹), du *Philadelphium* (¹²), du *Modius* avec les deux mains (¹³), de *Amastrianum* (¹⁴), du Βοῦς (¹⁵), de d'*Exokionion* et du *Xerolophos* (¹⁶) du *Tetra*

---

1. Banduri, p. 7, sqq.
2. P. 27, 28.
3. P. 29, 30.
4. P. 31.
5. P. 32.
6. P. 33, 38, 43.
7. P. 44. 45.
8. P. 44.
9. P. 47.
10. P. 48.
11. P. 50.
12. P. 51, 52.
13. P. 53, 54.
14. P. 55.
15. P. 56.
16. P. 57.

pylon (qui aurait dû être décrit avec le *Philadelphium*), du *Sigma* (¹), de St-Jean *Studii*, de Saint-Diomède et de la Porte Dorée (²). Dans le second livre des *Antiquités de Constantinople*, l'auteur anonyme se propose de décrire la partie de la ville, qui se trouve sur la Corne d'Or, en commençant par le *Tzycanistérion* et en tournant par la pointe de Saint-Démètre ; cependant, faisant quelques diversions vers la gauche, il parle des édifices et des quartiers, qui touchent à la partie moyenne de la ville et qui avoisinent la grande rue Μέση. Ainsi il saute de la sainte Vierge *Hodégétria* aux bains de Zeuxippe (n° 65). Arrivé à l'église de Saint-Ménas, au pied de l'Acropole, il monte vers les *Pittakia*, qui forment le côté oriental de la place de l'*Augustéon*, et il énumère les édifices situés entre ces deux points (³), et dans les environs de Sainte-Sophie : les *Xenodochia* de Samson, d'Euboulos, de Saint-Tryphon, la Vierge d'Urbice, le *Stratégion*, les *Chalkopratia* et Saint-Jacques, la Vierge τὰ Πατρικίας, derrière Sainte-Sophie, et la basilique.

Les nᵒˢ 80 à 83 s'occupent de nouveau de la Corne d'Or, mais les nᵒˢ 83-89 concernent les parties correspondantes du versant méridional près de l'Hippodrome.

113) Les paragraphes suivants (⁴) traitent de la Vierge τὰ Καρπιανοῦ, de St-Procope, de la *Vigla* et d'autres monuments de la Corne d'Or, pour continuer avec les Thermes Constantiniens, l'église de Saint-Etienne et des XL Martyrs, situées non loin du *Philadelphium*. Le quartier de Dexiocrates (⁵), l'église de la Vierge τὰ Κύρου (⁶) et la porte de Kontoscali sont mis sur la même ligne :

---

1. *Ibid.*, p. 59.
2. P. 61.
3. P. 72. 80.
4. P. 93.
5. P. 94.
6. P. 95.

ce qui prouve au moins, que l'église τὰ Κύρου, ne se trouvait point près de Tekfour Saraï. comme le supposent quelques topographes, séduits par la ressemblance du nom turc Tekyr Saraï. Le *Zeugma* et une partie du *Petrion*(¹) alternent avec le *Forum Tauri*(²), Sainte-Theophanon, Saint-Marc, la citerne τὰ Κριοῦ, Saint-Procope, τὰ Ἀνθεμίου, la maison de Gainas, celle de Megethias, Saint-Polyeucte, Sainte-Anastasie *Pharmolytra* (« *sortes et fraudes revelans* »), le *Leomacellium* (Et meïdan), la sainte Vierge τὰ κουράτορος, et plusieurs édifices près du *Myréléon* (³). Le reste du livre est consacré au *Pétrion* et aux Blaquernes. Le IIIe livre est consacré à la côte maritime de la Propontide : l'église des Saints-Serge-et-Bacche fournit l'occasion de parler de l'Hippodrome, de Sainte-Euphémie de l'Hippodrome et de Saint-Jean Précurseur à côté du Miliaire d'Or (⁴). Les parages voisins du Port Sophien provoquent la mention de Saint-Michel τοῦ Ἀδδᾶ (⁵), de Saint-Agathonic (⁶) et de Saint-Julien (⁷). L'auteur continue ensuite à parler succinctement de la côte jusqu'à *Psamathia*, tout en se livrant à des digressions peu motivées. Les citernes d'Aspar (près de la porte d'Andrinople), de Bonus (Tchoukour Bostan près de Sultan Selim), de Saint-Mocius (Tchoukour Bostan à Altimermer), de Philoxenus (Bin bir direk), la grande citerne basilique (Jerè batàn Seraï) cèdent la place aux portes terrestres et aux différents couvents, dont la plupart sont situés sur la septième colline *Xerolophos*. Le IIIe livre n'offre plus autant d'occasions pour déterminer la situation des monuments de la ville. Le livre de Codinus Περὶ ἀγαλμάτων στηλῶν x. θεαμάτων n'est qu'une répétition de ce qui est rapporté par l'anonyme de Banduri, sans que l'ordre topographique soit conservé aussi sévèrement ; quelquefois ses indications sont plus complètes, et l'on reconnaît partout encore les différents groupes d'édifices situés dans les mêmes parages : ainsi se complète l'énumération faite par l'anonyme des édifices entre la troisième et la quatrième colline en y ajoutant l'église de Sainte-Euphémie τὰ Ὀλυβρίου. Le quartier τὰ Ἀνθεμίου et la Vierge τὰ Κύρου paraîtraient, s'il était permis de tirer parti d'indications aussi vagues, devoir être placés plutôt près du *Myréléon*.

114) Antoine, archevêque de Novgorod, qui visita la capitale peu avant la prise de cette ville par les Latins, a suivi un certain ordre topographique, très important pour la connaissance de la situation de certaines églises. Ainsi, en commençant par Saint-Diomède à la Porte Dorée (¹) il passe au couvent de Périblepte (in regione *Triakondaphyllon* à l'église de Saint-André ἐν κρίσει, au couvent de Saint-Mocius, à Saint-Luc, à Saint-Dius, à la colonne de l'*Exocionium* près de l'ancienne Porte Dorée, ensuite aux églises du quartier *Deutéron*, de la porte de Saint-Romain, à Saint-Jean ἐν τῇ Πέτρᾳ, à Saint-Georges à côté de la porte de *Charisius*, à l'église *Omnium Sanctorum*, qui d'après le livre des *Cérémonies* était voisine de l'église des Saints-Apôtres (mentionnée par Antoine auparavant sous le n° 109), et finalement à l'église de Sainte-Euphémie Ὀλυβρίου. De là, il descend à la Corne d'Or pour visiter Sainte-Théodosie, Saint-Isaïe et Saint-Laurent, Saint-Antoine

---

1. *Ibid.*, p. 96, 98.
2. P. 99.
3. P. 109.
4. P. 122.
5. P. 128.
6. P. 129.
7. P. 130.

1. *Exuviæ Sacræ*, t. II, p. 227 et *Itinéraires Russes*, t. I, p. 87.

et Saint-Jean Calybite. Les §§ 141-143 traitent des églises situées dans le rayon du port Sophien. Mais ensuite l'auteur reprend la route interrompue à l'église de Sainte-Euphémie Ὀλυβρίου, en mentionnant l'église des XL Martyrs du quartier Κωνσταντιανὰ, Saint-Procope, le couvent de Pantocrator, Sainte-Anastasie *Pharmacolytra*, Sainte-Barbe près des *Artopolia*, la Sainte-Vierge κεχαριτωμένη (τῶν Διακονίσσης ?), Saint-Basile, Saint-Étienne ἐν Πλακιδίαις, Saints-Gourie, Samouas et Abibi près du *Forum Constantini*, Saint-Julien et Saint-Agathonic, tous les deux situés dans les environs du *Forum ;* du *Forum*, l'auteur descend vers la mer et rencontre l'église de Saint-Acace *in Heptascalo*, Saints-Serge-et-Bacche, et Sainte-Euphémie de l'Hippodrome.

115) En combinant les indications de ces trois sources principales avec les données contenues dans les textes des chroniqueurs, on arrive à reconstruire l'aspect des parties moyennes de la capitale, de la manière suivante.

Depuis Sainte-Sophie jusqu'au *Forum* de Constantin.

Nous devons remarquer qu'en général la disposition assignée par Labarte à l'*Augustéon*, place comprise entre Sainte-Sophie et le Grand-Palais, peut être considérée comme très probable, sauf que la colonne de Constantin, l'église de Saint-Constantin et la Vierge du *Forum* devront être reportées à leur véritable place, au *Forum* de Constantin, dont l'emplacement est suffisamment indiqué par la colonne brûlée, le Djemberli Tasch. De plus la Vierge des *Chalkoprateia* et St-Jacques se trouvaient évidemment au Nord-Ouest de Ste-Sophie, comme nous l'avons expliqué plus haut. Quant aux édifices du Grand-Palais, il suffit d'indiquer que la *Chalke*, les *Numera* et le *Zeuxippus* formaient les abords du Palais du

côté de l'*Augustéon :* le Sénat, les *Pittakia* et la *Magnaura* devront être cherchés à la place où s'élève aujourd'hui l'édifice destiné d'abord à l'Université, et devenu le Tidjaret (tribunal de commerce) : en creusant les fondements de cet édifice, en 1847, on retrouva à une profondeur de trois mètres l'ancien pavé et la base de la célèbre statue argentée d'Eudoxie, qui inspira les discours de saint Jean Chrysostome. L'inscription grecque :

κίονα πορφυρεῆν καὶ ἀργυρεην βασίλειαν
δέρκεο ἔνθα πόληϊ θεμιστεύουσιν ἄνακτες

« Voici la statue en porphyre et argentée de l'impératrice, là où les souverains président aux tribunaux de la capitale. »

indiquait la place comme celle où les empereurs rendaient la justice, c'est-à-dire le Sénat et les *Pittakia* ('). A côté de cet édifice se trouve aujourd'hui une belle fontaine en face de l'entrée du Sérail : elle correspond à la fontaine du *Geranion*, qui d'après Codinus marquait la fin du Grand-Palais de ce côté.

116) La statue équestre de Justinien, appelée dans le *Livre des Cérémonies* «*Achilleus* », indiquée par les plans de Panvinius (Banduri) et de Buondelmonte, au Nord-Est de l'Hippodrome, et par Nicéphore Grégoras (²), dans les προαύλια de Sainte-Sophie, n'existe plus : Pierre Gilles en vit détruire le socle ; une simple plaque en fer, qui ferme l'entrée d'une citerne, en marque aujourd'hui la place. L'inscription qui décorait la colonne, couvre l'issue d'un égout donnant sur la mer, près de la petite Sainte-Sophie.

La position de la statue équestre de Justinien Ier est suffisamment indiquée par les passages de Zonaras (lib. 14, c. 7), de Nicéph. Grégoras (I, 275), de Pachymères

---

1. Théoph., I, 123.
2. I. 275.

dans sa *Description de l'Augustée* (¹), de Clavijo (ed. Brunn, p. II). Pierre Gilles (154) a vu détruire le stylobate « non longè a Sophiae angulo ad occasum vergente » et le remplacer par un château d'eau. Le plan de Buondelmonte de Sathas dessine

La statue équestre de Justinien d'après un dessin du XIVe siècle conservé au Sérail de Constantinople.

à l'angle Sud-Ouest de Sainte-Sophie la colonne avec la statue équestre de Justinien (tournée vers l'Occident!) avec l'inscription « Theodosius in equo ereo ». Les cartes du XVIe siècle (Venetia all'insegna della

1. Nicéph. Grég. éd. Bonn, t. II, p. 117.

Colonna, 1567), ne présentent qu'un petit tronc de cette colonne et appellent la place « piazza Colonna ». Le Dr Déthier enfin a communiqué dans la séance du Syllogue Phil. Hellén. (30 janv. 1864, ἑλλην φλολ. Συλλ. ἔτος β. t. II, Kple, 1864, p. 103) un dessin de cette statue datant de 1340, qui se trouve dans un mss. de la bibliothèque du Sérail, et qui est signé « Nimphirius pinxit Kyriaco Anconitano ad scribendum adducto ». Le dessin correspond exactement à la description des auteurs byzantins et nous donne une idée de la « *toufa* », du diadème impérial qui de tout temps a frappé par sa forme particulière, les écrivains, depuis Léon le Grand, Théophane et Zonaras jusqu'à l'ambassadeur espagnol Clavijo (ed. Brunn, p. II) qui dit : « une figure de chevalier avec une plume énorme sur la tête ressemblant à la queue d'un paon ». En effet le dessin de la τοῦφα rappelle exactement les couronnes des empereurs mexicains et indique même la provenance des plumes du paon.

117) Le cheval porte l'inscription « Theodosi » comme le plan de Buondelmonte, ce qui s'explique par le récit de Zonaras (14, 7), que la statue de Justinien fut érigée ἔνθαπερ πρὶν ἕτερος ἵστατο κίων τοῦ μεγάλου Θεοδοσίου φερὼν στήλην ἐξ ἀργύρου πεποιημένην παρὰ Ἀρκαδίου κτλ. « là où se trouvait jadis une autre statue argentée de Théodore le grand, érigée par Arcade. » Le nom de Théodose prouve en même temps que la carte ne devrait pas être attribuée à Buondelmonte qui, dans le texte latin, déclare expressément que la statue est celle de Justinien. « Extra igitur ecclesiam ad meridiem in platea columna… videtur, cujus in capite Justinianus aeneus equester habetur.»

Entre Sainte-Sophie et Sainte-Irène, dans le prolongement du narthex de Sainte-Sophie et adossée à l'enceinte du Sérail, existe encore une bâtisse oblongue très simple, évidemment une chapelle : la forme sévère des chapiteaux des colonnes et le caractère simple de l'architecture lui assignent une époque assez reculée : ainsi nous y reconnaissons le sanctuaire du *Xenodochion* de Samson, qui d'après Procope (¹) était placé μεταξύ ταῖν ἐκκλησίαιν. Le même auteur rapporte que Justinien avait établi deux autres *Xenodochia* en face de celui de Samson, (c'est-à-dire au Nord de Sainte-Irène) dans les maisons dites d'Isidore et d'Arcadius : ἐν ταῖς τοῦ Ἰσιδώρου καὶ Ἀρκαδίου καλουμέναις οἰκίαις : ce sont les *Xenodochia* d'Euboulos et d'Isidore (²).

Codinus distingue de ces trois *Xenodochia* les deux églises de Saint-Tryphon, dont l'une se trouvait εἰς τὰ Εὐβούλου, et l'autre εἰς τὰ Βασιλίσκου. Procope mentionne l'église de Saint-Tryphon construite par Justinien dans la rue τοῦ Πελαργοῦ, et le Synaxariste, celle qui se trouve dans l'église de Saint-Jean l'Évangéliste, près de Sainte-Sophie, εἰς τὰ Βασιλίσκου. Très probablement, ces deux églises n'en faisaient en réalité qu'une seule, placée au nord de Saint-Jean l'Évangéliste, Διΐππιον, et qui touchait aussi à la rue, qui de la Corne d'Or remonte vers Sainte-Sophie formant aujourd'hui la rue du Tramway.

118) En prenant la grande rue de Sainte-Sophie dans la direction du *Forum* de Constantin, on rencontre d'abord le Milliaire d'Or, l'église de Saint-Jean l'Évangéliste, Διΐππιον, et la Grande Basilique, Ῥηγία, édifice quadrilatéral, espèce de palais de justice.

La Grande Basilique ou Ῥηγία était, suivant Procope (³) « Βασιλέως στόα ἵνα δὴ τὰς δίκας παρασκευάζονται οἵ τε ῥήτορες καὶ εἰσαγωγεῖς, αὐλήτις περιμήκης, ἐν τετραπλεύρῳ περίστυλος· στόαι δὲ αὖ τὴν αὐλὴν περιβάλλουσιν τέσσαρες. » « La halle impériale où les avocats et les procureurs préparaient les procès, une grande cour quadrilatère, entourée d'arcades. » Cette cour fut dotée par

---

1. *De Ædif.*, p. 183.
2. Théoph., I, 371.
3. *De Ædif.*, 206.

Justinien d'une citerne d'une grandeur remarquable, qui est connue aujourd'hui sous le nom de Jerè Batan Seraï, qui se trouvait, d'après Codinus, ὄπιθεν τοῦ μιλίου, derrière le *Milliaire*.

C'est dans le voisinage immédiat de la Basilique que l'anonyme de Banduri place l'Octogone (¹), édifice destiné aux études, aux conférences savantes, qui possédait une bibliothèque. Cédrénus (²) rapporte que, lors du grand incendie qui, sous Léon Ier, était parti des *Chalcoprateia*, la bibliothèque de la basilique fut aussi la proie des flammes. Le *Chronicon Paschale* (³), décrivant l'incendie qui accompagna la révolte de Nica, fixe ainsi l'emplacement de l'Octogone : μέσον βασιλικῆς τῶν γουναρίων καὶ τοῦ ἐμβόλου τῆς Ῥηγίας., entre la basilique des peaussiers et la *Regia*.

119) D'après le *Chronicon Paschale* (⁴), pendant la révolte de Nika, « les Goths incendièrent l'Octogone ». L'église de Saint-Théodore *Sphoracii* doit donc être cherchée plutôt au nord de l'Octogone et non point, avec les topographes depuis Pierre Gilles, sur le versant occidental de la troisième colline, près du Véfa Meidani. Tous les témoignages byzantins sont unanimes à placer cette église non loin de Sainte-Sophie, en commençant par l'auteur anonyme des *Patria*, qui réunit l'église de Saint-Jean Baptiste Διΐππιον, Saint-Théodore, l'Octogone et le palais de Lausus en un seul groupe. De même, Codinus (⁵) parle de Saint-Théodore *Sphoracii* en même temps que de l'Octogone, des *Chalcoprateia* et de Saint-Jean *Dihippion* τὰ Ἴλλου. Léon Diacre (⁶) raconte que Léon Phocas le Curopalate, frère de l'empereur Nicéphore Phocas assassiné, entreprit un soulèvement contre Jean Tzimiscès, successeur au trône de ce dernier. Il entre clandestinement dans la capitale par une petite porte de l'Acropole et est accueilli dans la maison d'un employé de la cour, ἐν τοῖς τοῦ Σφορακίου μέρεσιν. Bientôt trahi et découvert, il se réfugie dans l'église de Sainte-Sophie (¹). Les péripéties de ce récit s'expliquent parfaitement, si l'on admet la situation de Saint-Théodore près de l'Octogone, tandis qu'en plaçant cette église au Véfa Meïdan les distances entre les endroits mentionnés seraient trop grandes.

120) Enfin Nicetas Acominatus (²) rapporte que sa maison, située ἐν τοῖς Σφωρακίου, avait été brûlée par le second incendie lors de la conquête latine, et qu'il occupait, lors de la seconde prise, une autre maison, mais d'où il était très facile d'arriver à Sainte-Sophie, car τῷ τεμένει συνεκεῖτο. Si l'on entend par le *second* incendie, celui qui, au moment de la seconde prise, détruisit tous les quartiers situés entre le *Pétrion* et le quartier du Drongaire (versant septentrional et occidental de la troisième colline), il faut voir dans l'église du Véfa Meïdan celle de Saint-Théodore *Sphoracii*, et la contradiction entre les passages du *Chronicon Paschale* et de Nicétas devient flagrante. Mais Nicétas aurait-il eu le temps de déménager aussi loin au moment suprême de la prise ? Si au contraire, on doit désigner comme deuxième incendie celui qui avait consumé tous les quartiers situés à l'ouest de Sainte-Sophie, depuis la Corne d'Or jusqu'au Port Sophien, le premier étant celui qui avait éclaté dans les quartiers occidentaux lors de la première prise, Nicétas aurait eu le temps nécessaire pour s'installer dans une autre habitation ὑπόστυον, voûtée (souterraine ?) munie d'une

---

1. N. 31. τὸ τετραδίσιον ὀκτάγωνον πλησίον τῆς Βασιλικῆς.
2. P. 616.
3. P. 621. 6 ? 3
4. P. 623,
5. P. 82 et 83.
6. P. 146.

1. P. 147.
2. P. 176, sqq.

entrée basse, et touchant à Sainte-Sophie, habitation qui avait échappé aux flammes

Monument de Porphyrius dans l'église de Sainte-Irène.

du deuxième incendie. Ce second incendie avait remonté jusqu'à Sainte-Sophie ; mais cette énorme masse de pierre, restée intacte avait sauvé les édifices situés à l'orient, et le feu avait pris la direction de l'ouest, pour consumer le *Milion*, le *Makron* et les Σύνοδοι, c'est-à-dire la grande basilique et l'Octogone. Le quartier et les églises τά Σφωρακίου avaient été compris dans cet incendie. Pour mettre d'accord les différents auteurs, cette seconde explication du passage de Nicétas est préférable.

121) Le récit du *Chronicon Paschale* permet de placer entre l'Octogone et le *Forum* de Constantin, la basilique des Peaussiers (βασιλικὴ τῶν γουναρίων) et les *Argyropratia*, les magasins d'argenterie ([1]). Théophanes ([2]), en parlant du grand incendie qui eut lieu sous Romain Lécapène, et prit son origine aux arcades près de l'église de la Vierge *du Forum*, mentionne, outre les γουνάρια (les peaussiers), les χηροπώλεια, les magasins de cire, et fixe comme terme, le quartier τῶν Ψιχῶν. Cédrènus ([3]) cite parmi les édifices qui brûlèrent lors de la révolte de Nika, le οἶκος τῶν λαμπτήρων, qui était destiné à garder les fonds et les marchandises les plus précieuses des négociants, comme le Bézesteïn actuel ([4]). De tous ces textes on peut conclure que les bazars byzantins occupaient jadis la place comprise entre le *Forum* Constantin et la Grande Basilique, tandis qu'aujourd'hui le « Tcharchi » se trouve à l'occident du *Forum*.

Le côté méridional (gauche) de la *Mésé* jusqu'au *Forum* était garni, comme le côté septentrional, d'une galerie couverte.

A partir de l'Hippodrome, on rencontrait de ce côté, d'abord le palais de Lausus,

1. Théoph., 283.
2. P. 240.
3. I, p. 647.
4. Anon. Banduri, p. 53, place encore le *Smyrnium* (marché aux arômes) πλησίον τοῦ τετραδυσίου ἐμβόλου (c'est-à-dire l'Octogone) συνεγγὺς τοῦ ἁγίου Θεοδώρου τοῦ Σφορακίου.

la citerne de Philoxénus avec l'église de Sainte-Aquiline, le prétoire de l'Éparque, l'église des XL Martyrs et l'*Arca* (1).

L'édifice byzantin quadrangulaire, situé à côté du tombeau de Tuad Pacha, et que plusieurs considèrent comme un reste des *Emboli* de Domninus, paraît être plutôt un des ξενοδοχεια (2).

L'incendie provoqué par les auxiliaires Goths, lors de la révolte de Nika débute à l'Octogone : après avoir consumé l'église de Saint-Théodore *Sphoracii*, l'*embolos* des *Argyropratia*, il arrive en face de l'église de Sainte-Aquilina (3).

K N   ΑΚΥΛΙΝΑ

Inscription dans la citerne de Philoxénus.

122) L'église de Sainte-Euphémie, ἐν τῷ Ἱπποδρόμῳ, était située à l'extrémité sud-ouest de l'Hippodrome et à côté du palais d'Antioche : d'après les *Synaxaires* (4), ἐν τοῖς Ἀντιόχου, πλησίον τοῦ Λαύσου.

Une citerne, à l'ouest de Bin bir dirck, en face du tombeau de Sultan Mahmoud, paraît marquer l'emplacement de l'église des XL Martyrs de Nicopolis qui est mentionnée dans l'*Alexiade* (5). Lorsqu'Alexis Comnène dut quitter la ville avec ses partisans, il prit congé de sa mère et des femmes des Comnènes au *Forum* de Constantin, pour se diriger ensuite vers la porte des Blaquernes. Les femmes devaient chercher asile dans Sainte-Sophie, mais à peine arrivées près de l'église des XL Martyrs, elles furent rejointes par le pédagogue de Botaniate.

Le *Forum* Constantini, τὸ πλακωτόν, avec la colonne Porphyrétique, l'église de Saint-Constantin, la Vierge du *Forum*, la colonne avec la croix, le Sénat du côté du nord terminent la première section de la *Mésé*. Cette place, qui, à l'époque byzantine, était d'une grande importance pour les cérémonies officielles, était déjà, dès la plus haute antiquité, un lieu où l'on vénérait le héros qui est représenté si souvent sur les monuments en marbre de la Thrace (1).

Entre le *Forum* de Constantin et le *Forum Tauri*, la *Mésé* porte le nom d'*Artopolia, Artopratia* : à l'issue du *Forum*, se trouvait d'abord la Αὐλή ἡ λιθόστρωτος, et ensuite, à l'entrée des *Artopolia*, deux statues colossales de gorgones (2), dont l'une a été retrouvée en 1870 ; on l'a transportée alors devant Sainte-Irène. Le récit bizarre de Codinus (3) indique qu'il y avait du côté méridional une descente vers la porte Kondoscale (Koumkapou), par laquelle devaient passer les troupeaux de bétail destinés à la consommation de la ville, qui arrivaient au port de Kondoscale ou *Heptascalon*. Arrivés aux *Artopolia*, ils continuaient leur chemin, εἰς τὸν Ἀρτοτυριανὸν τόπον, où se trouvaient probablement aussi les abattoirs. Le marché aux esclaves (κοιλὰς κλαυθμῶνος), l'*Anemodoulion*, l'église des Saints-Agathonic-et-Barbe doivent être placées sur la *Mésé* avant le *Forum Tauri* aujourd'hui place de Sultan Bajazed ou du Séraskiérat.

123) Le *Forum Tauri*, était orné de la grande colonne avec la statue de Théodose Ier, dont les restes furent abattus en présence de Pierre Gilles, pour préserver le bain du sultan Bajazed d'un écroulement imminent. Cette colonne était donc placée au sud de la place du Sultan Bajazed. La

---

1. Cedren. I, 564.
2. Theoph., I, 370. — *Chron. pasch.*, 622 et 695.
3. *Synax.*, 13 juin, 10 juillet.
4. 11 juillet.
5. P. 99.

1. Anonym. Combéfis (Cod. éd. Bonn, 69). Ἐκεῖσε καὶ τοῖς πολλοῖς εἰδωλολάτραις ἀγνοούμενος Θεὸς Ἱππόσυνος ἐλατρεύετο, on adorait ici le Dieu cavalier, inconnu de la plupart des païens.
2. Cod. 41.
3. P. 42.

statue équestre de Théodose II, érigée sur un *tétrapylon* en marbre, devait se trouver au milieu du Seraskiérat, où un fragment de l'épigramme fut retrouvé par le Dr Dethier, lorsqu'on creusa les fondements des édifices modernes.

Nous renvoyons à l'étude du savant auteur et à la restitution de cette statue, qui fut détruite lors de la prise de Constantinople par les Latins (²). Aucun reste d'ailleurs n'indique aujourd'hui l'emplacement de tant d'églises et d'édifices qui s'élevaient autour du *Forum Tauri*, notamment des églises de Saint-Marc, de Saint-Procope, de l'*Alonitzium* et du Capitole. Lorsqu'on remua le sol de la place du Séraskiérat, il y a environ quinze ans pour la construction des casernes et de l'hôpital, on découvrit des milliers de bulles en plomb, datant de toutes les époques du Bas-Empire. Nulle part on n'a retrouvé une pareille quantité de ces bulles, réunies dans un même endroit ; il est permis d'en conclure qu'on se trouvait sur l'emplacement des anciennes archives du Capitole, édifice érigé par Constantin le Grand, qui contenait probablement, comme la Sublime Porte actuelle, la plupart des bureaux administratifs (Λογοθεσίον τοῦ δρόμου, στρατιωτικὸν Λογ., γενικὸν Λογ.). A l'occident de la place du Séraskiérat on voit les restes du *Nymphœum maximum*, recevant les eaux de l'aqueduc de Valens, qui passait de là au-dessus de la vallée entre les troisième et quatrième collines jusqu'à la mosquée de Sultan Mehemed, l'ancienne église des Saints-Apôtres.

124) Entre le *Forum Tauri* et l'église des Apôtres, le *Cérémonial* du Porphyrogénète énumère les stations : Θεοτόκος τῶν Διακονίσσης, le *Modius* et le *Philadelphium*. A cet endroit se trouve le croisement des rues qui mènent à l'église des Apôtres et au *Xerolo-*

phus ; les conditions topographiques exigent que ce croisement soit recherché un peu au delà de la mosquée des Schekhzadé, où la Grande Rue longitudinale est coupée par la rue transversale, qui, dans la direction nord et sud, va de Oun Kapan *(p. Plateae)* jusqu'à Daud Pascha Kapoussi *(p. Sti Æmiliani).* C'est la mosquée de Kalender Djamii, dans laquelle nous reconnaissons l'ancienne église de la Sainte-Vierge τῶν Διακονίσσης, et qui donnait jadis son nom à ce passage très fréquenté. Michel Attaliote (¹) rapporte qu'on y montrait un monstre. La petite mosquée Balabanaga Mesdjidi, située en face de Kalender Djami, mais du côté méridional de la Grande Rue et qui paraît être le reste d'un couvent plus important, correspondrait à la Vierge τὰ Κουράτορος. La mosquée Kilissé Djami (Molla Chemseddin Gjourani) près du Véfa Meïdan et au nord du Kalender Djami passe pour l'ancienne église Saint-Théodore-Tiron de Sphorace : M. le prof. Mühlmann reconnaît dans cette église, celle de St-Théodore τὰ καρβουνάρια ; le *Menologium* Sirmondi confirme jusqu'à un certain point cette attribution (30 sept.). Les témoignages cités plus haut ne permettant pas de placer cette église ailleurs que près de l'Hippodrome, nous proposons, en considération des itinéraires d'Antoine de Novgorod et des anciens topographes, de l'identifier avec l'église de Ste-Anastasie *Pharmacolytra* (²).

125) Le Dʳ Paspati (³) rapporte que l'église de Saint-Théodore portait aussi le nom de « Révélateur » φανερωτής, parce que tous ceux qui avaient perdu quelque

---

1. 211, 5.
2. D'ailleurs, Ducange, *Const. christ.*, 16 : « S. Theo-
« dori Tironis templum testatur ipse Justinianus in laudata
« Novella, scribens τρεῖς εὐαγεῖς οἴκους, &c. Deiparae, sti
« Theodori et sctae Irenes ενωμένους, seu unitos fuisse aedi
« Sophianae et Clericos magnae ecclesiae iisdem tribus
« aedibus deserviisse. »
3. *Mélanges*, p. 316.

chose avaient recours à ce saint, pour rentrer en possession de l'objet perdu. C'est probablement une analogie d'attributions avec sainte Anastasie *Pharmacolytra*, « sortes et fraudes revelantis », qui a donné lieu au transfert du nom de Saint-Théodore à cette église dédiée d'abord à cette sainte. Les traditions populaires ne sont jamais trop fidèles. La mosquée du Chekhban bachi à Kirk Tchechmé, non loin de la mosquée des Chekhzadé et près de l'Aqueduc de Valens, à quelques pas seulement du croisement des deux rues principales, est le couvent de Kyra Martha fondé par Maria Ducaena Comnena Paleologina, en religion Martha, sœur de l'empereur Michel Paléologue et épouse du Protostrateur Michel Glavas Trachaniotis, où reposaient les reliques de Marie Cleopé et de saint Jean le Guerrier. En face de cette église, on rencontre sur la fontaine de Kirk Tchechmé (les XL sources) un bas-relief byzantin représentant deux paons avec la pomme de pin mystique et des arabesques remarquables (¹).

Paons de la fontaine de Kirk Tchechmé.

126) Le *Philadelphium*, Μεσόμφαλος, le milieu de la ville, où venaient aboutir à la Mésé venant du *Forum Tauri*, les embranchements venant du temple des Saints Apôtres (porte de Charisius), du *Forum Amastrianon* (Βοῦς-ξηρολίφος), et de la *porta Platea*, était décoré de deux monuments principaux, le Χαλκοῦν τετράπυλον, avec les deux mains et le Σύνθετος κίων. Entre le *Philadelphium* et l'église des Saints Apôtres, se trouvent les quartiers τὰ 'Ολυβρίου et Κωνσταντιανὰ Κωνσταντινιανὰ. La colonne de Marcien (auj. Kiztachi) marque l'emplacement des Κωνσταντινιανὰ (¹). L'emplacement de l'église des XL martyrs de Sébaste, de la citerne des XL martyrs (auj. Saradjkhané), du σύνθετος κίων et du Χαλκοῦν τετράπυλον est suffisamment indiqué par le *Chronicon Paschale* (²), par le *Synakaon* (³), par Nicetas Chomatès (⁴), et par l'Anonyme de Banduri (⁵). Les deux mains fixées au *Tétrapylon* étaient d'une signification ignominieuse pour les condamnés, qui devaient passer le *Philadelphium* pour être conduits à la place *Amastrianon*, destinée aux exécutions (⁶). Les maisons de Craterus et de Mosele se trouvaient également près du *Modius* et du *Philadelphium*.

L'église du Pantocrator (Zeirek Kilissé Djami), de Pantépoptès, autrefois de Kadjouma (Eski Imaret Djami) et de Sainte-Théophanon (Demindjilar Mesdjidi) sont les seules qui soient restées debout de toutes celles, qui, si nombreuses, d'après les indications des *Pèlerins russes* et des *Patria*, occupaient la quatrième colline. Cependant le couvent de Constantin Lips (μονὴ τοῦ Λιβὸς), appelé aussi : πλησίον τῶν 'Αγίων 'Αποστόλων et dédié à la Vierge, paraît être la mosquée

---

1. M. Gedeon Χρον. τ. πατριαρχ. οἴκου. Constantinople, 1884, p. 61.

1. *Brèves enarrationes chronol.* (Codin., éd. Bonn, 176.) — *Chron. paschal.*, 534, 17. — *Ibid.*, 581.
2. 698, 699, 703.
3. K. Θ. Déc. 9 Mars.
4. 431.
5. Apud Codin., 91.
6. Anna Comn., II, 160.

actuelle de Fenari Isa dans le quartier de Khalidjilar Kioski, au sud de la mosquée de Sultan Mehemed, à l'Ouest du Et Meïdan *(Leomacellium)*. A la partie orientale de cette ancienne église on voit encore l'inscription :

ЄΚΠΟΘ·ΟΥ ✠ ΜΗΤΡΙ ΘЄΟΙΟΝЄѠΝΠЄΡΙΚΑΛΛЄΑΚѠΝϹΤΑ . . . . . . ΟΗ ΟΛΒΙΟΝ ЄΡΓΟΝ.
ΟΥΡΑΝΙѠΝΦΑЄѠΝΟΙΚΗΤΟΡΑ ΚΑΙΠΟΛΙΟΥΧΟΝ ΤΟΝΔЄΖΟΝΤΤΑΝΑΧΡΑΝΤЄΠΡΟΑΙΡЄϹΙΝ
ΑΝΤΙΜЄΤΡΟΥϹΑ·ΝΑΟϹΤΟΔѠΡΟΝ ѠΜ . . . .

1. . . . . ἐκ πόθου	4. οὐρανίων φαέων οἰκήτορα καὶ πολιοῦχον
2. μητρὶ Θεοῖο νεὼν περικάλλεα Κωνσταντῖνος	5. τὸν δέξον πανάχραντε προαίρεσιν ἀντιμετροῦσα
3. ον ὅλβιον ἔργον	6. νάος τὸ δῶρον ϛυμ (6440 - 932) ?

127) La lecture de la fin de l'inscription étant douteuse, nous ne savons pas s'il faut voir dans les deux dernières lettres des chronogrammes : Constantin Lips succomba en $\frac{6400}{6419}$ (917) dans une bataille contre les Bulgares, après avoir terminé la construction de son couvent en $\frac{6400}{6416}$. Le mot de πανάχραντε a été un motif pour reconnaître dans cette église celle de Panachrante, qui cependant, d'après les témoignages des Pèlerins Russes, se trouvait sur la première colline près de l'*Odigitria*, de St-Lazarre et de Ste-Barbe.

L'église de Tous-les-Saints, τῶν ἁγίων πάντων, devait se trouver d'après le *Livre des Cérémonies* immédiatement à côté de celle des Saints-Apôtres, et, si nous comprenons bien les passages relatifs à cette église, du côté septentrional où un petit palais était destiné à recevoir les empereurs lors des cérémonies qui s'accomplissaient dans les églises des Saints-Apôtres et de Tous-les-Saints.

A l'occident de l'église des Saints-Apôtres s'élevait la colonne qui marquait, à cet endroit, le passage du mur Constantinien et les limites de l'*Exokionion.* Cette colonne est mentionnée par Nicétas de Paphlagonie, dans la vie de saint Ignace ([1]), lorsqu'il parle de l'église de St-Grégoire, *iuxta quam* σταυρὸς ἐν μαρμαρίνῳ κίονι κατὰ μέσον ἀνεστηλώθη

1. Ducange, *Eccles. Sti Gregorii Xérokipion.*

τῆς Λεωφόρου, par Nicéphore Grégoras, I, p. 202 ([1]) et par Pierre Gilles ([2]).

Le passage de Nicétas de Paphlagonie indique l'endroit appelé *Xérokipion* « jardin sec », qui est identique avec le Tchoukour Bostan actuel près de la mosquée de Sultan Sélim sur le sommet de la cinquième colline ; c'est le point où se terminait jadis le mur terrestre de Constantin, c'est-à-dire à la citerne de Bonus. Cédrénus ([3]) en parle à propos d'une épizootie qui eut lieu sous le règne de Romain II. Il en résulte que tout près, ἔγγιστα, de la citerne de Bonus, sur le haut de la colline, point remarquable par la fraîcheur qu'y entretiennent l'été, les vents du nord, et où s'élève actuellement la mosquée de Sultan Sélim, Romain avait construit le palais, dit le nouveau palais de Bonus ([4]). Lorsqu'il s'agit de célébrer la mémoire de saint Constantin et les *Encaenia* de la sainte Croix, l'empereur passe la nuit dans ce palais ἐν τῷ νέῳ παλατίῳ τῷ τοῦ Βώνου, et se rend le lendemain à

1. Éd. Elzev. (632). Il appert des passages *Act. Boll.* Avril, t. I, III Avril, p. 268, n. 11, 273, n. 24, que l'église de St-Jean Chrysostome contenait aussi des reliques de saint Grégoire, et que cette église portait les deux noms de St-Jean et de St-Grégoire Xérokipion. Non loin de là est mentionnée aussi l'église et le couvent de St-Nicolas τῶν Κασσύλων, appartenant jadis à St-Joseph l'Hymnographe.

2. Lib. IV, p. 268.

3. II, p. 343.

4. Const. Porph., *De Carem.*, I, p. 592.

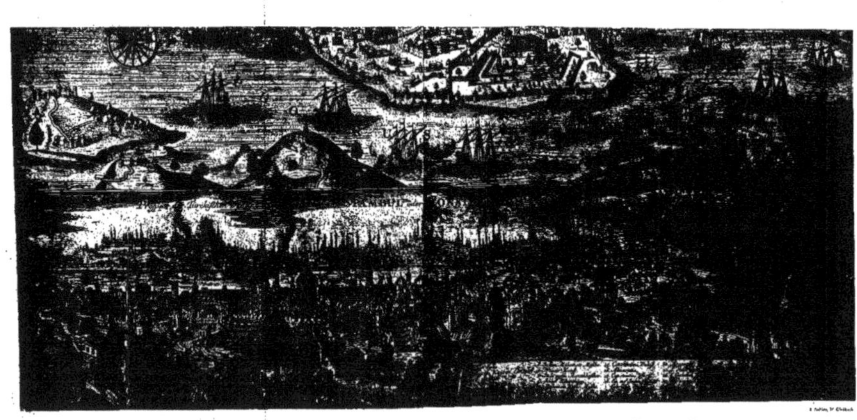

PLAN DE CONSTANTINOPLE, PAR SEUTTER, (XVIIIe siècle), D'APRÈS L'EXEMPLAIRE DU BRITISH MUSEUM

(2e PARTIE. V. et III.)   (BAS DU PLAN.)   Nº 48.990 (3).

l'église des Apôtres. Le chemin suivi est l'embranchement de *la Mésé*, qui conduit à la citerne de Bonus, qui mène également à la petite église de Saint-Jean *Xérokipion*,

et ensuite va à l'église τῆς Παμμακαρίστου, aujourd'hui Féthié Djamii.

128) La μονὴ Χριστοῦ τοῦ Σωτῆρος καὶ εὐεργέτου, qui d'après l'hypothèse du Patriarche Con-

LÉGENDE :

1. Stus Franciscus.
2. Stus Dominicus. Église des Dominicains (auj. Arab-Djami).
3. Scutari.
4. Arzana (auj. le Kaviarkhan).
5. Vlacherna.
6. Porta Vlacherna.
7. Porta Piscarie.
8. Porta Judæa.
9. Stus Demetrius.
10. Stus Georgius (in Manganis).
11. Lazar (église de Saint-Lazare).
12. Oriens.
13. E nea eccles. (église nouvelle de l'Archange Michel).
14. Palatium Imperatoris Justiniani (triclinium Justiniani Rhinotmeti).
15. Receptaculum (sc. fustarum = Portus Sophianus, Kadriga liman).
16. Portus Palatii imp. (portus Bucoleontis).
17. Sta Sophia.
18. Podromus (hippodr.).
19. Theodosius in æquo eneo (columna Justiniani in Augusteo).
20. Domus Constantini (se rapporte au palais de Kathisma).
21. Scro qu aranon (XL in Nicopoli.)
22. Apostoli : église des SS. Apôtres.
23. Constantinus genuflexus. (Michel VIII Paléologue, à genoux devant la statue de l'archange Michel.)
24. Palatium imperat. (Tekfour Serai.)
25. Stus Johannes de Petra.
26. St Maur (?) (Stus Mamas).
27. Porta Antiqua.
28. Stus Andreas (in Crisi)
29. Perileftoras (église de la Vierge Périblepte).
30. Stus Johannes in Studio.
31. Porta Crisea (Porte dorée).
32. Portus Volanga (Port de Vlanga).
33. Arsana et Condescale (Arsenal et échelle de Contoscale construit par Jean Cantacuzène).
34. Pantocratoros (église du Pantocrator).

Plan de Constantinople, par Buondelmonte, conservé à Venise.

stantin occupait la place de la mosquée de Sultan Sélim, doit donc être transportée ailleurs. Les passages de Nicétas Acominatus, qui range les navires vénitiens lors de la prise de la ville depuis le couvent de l'Euergètes jusqu'aux Blaquernes, de Pachymères, qui mentionne le port des

Croisés τῷ πρὸς τῇ μονῇ τοῦ Εὐεργέτου Χριστοῦ des documents (1) vénitiens, qui parlent d'une tour située près de ce couvent « *ultima turris de Virgioti* », sembleraient indiquer plutôt pour cette église une position plus rapprochée du port, et nous proposons de

1. Tafel et Thomas, III, 23.

considérer les ruines du Sinan pacha Mesdjidi, au-dessus de Aja Kapoussi, sur la pente de la cinquième colline et tout près de Ste-Théodosie, comme les restes de ce sanctuaire si mémorable pour l'histoire de la prise de Constantinople ([1]). Le pèlerin russe Zosime dit: « Il y a là le monastère Everghétis où repose sainte Théodosie vierge ([2]). » Il y a évidemment une erreur, mais il en résulte au moins, que le couvent d'Euergétès et l'église de Sainte-Théodosie étaient si rapprochés, qu'un étranger pouvait les confondre.

129) La pente de la cinquième colline ([3]) vers la Corne d'Or était occupée par le *Pétrion* (Πετρίον, Πέτριν, Πετρία, sc. μέρη), qui, par ses nombreux couvents et églises, formait presque une ville sainte particulière dans la capitale même : la pente raide de ce rocher, qui ne se prêtait guère aux exigences de la vie privée, invitait les nombreux moines à s'y établir, comme c'était le cas pour les montagnes du mont Ganos, de l'Olympe, de l'Athos et du mont Carmel. La forme du pluriel, τὰ Πετρία a paru indiquer l'existence de deux *Pétrion*, et on supposait que la παλαιὰ Πέτρα, le vieux rocher, devait être l'autre *Pétrion*. Cependant le *Pétrion* de la cinquième colline prenait son nom de Pierre le patrice, surnommé Barsumien ou d'une église de ce nom ; le nom turc de la porte, Petri Kapoussi paraît également indiquer, que c'est le nom propre de Πέτρος, qui avait donné l'origine au Πετρίον; la παλαιὰ Πέτρα n'a rien à faire avec un nom propre: c'est bien le rocher qui porte actuellement le nom de Kesmè kaja, le rocher taillé et sur lequel est bâtie une partie du quartier Tekfour-Saraï.

Le continuateur de Théophanes ([4]) parle bien d'un ξενὼν Ἑλένης εἰς τὸ παλαιὸν Πέτριν τὸ λεγομένον τά Ἑλένης ; mais il s'agit du quartier *Heleniana* de la septième colline, et ce nom de παλαιὸν Πέτριν n'est qu'un ἅπαξ λεγομένον. Nous ne pouvons donc admettre qu'un seul *Pétrion*, appelé aussi τὰ Πετρία, c'est-à-dire Μέρη, et un autre quartier de l'ancien rocher, παλαιὰ πέτρα qui formait une partie de la sixième colline. Aucune trace ne subsiste plus des nombreuses églises de ce quartier: Μανουὴλ Σαβὲλ κ. Ἰσμαὴλ près du prophète Elie sur la hauteur, le Prophète Elie τὸ πετρίον, Saint-Étienne des Romains, le couvent des femmes dédié à sainte Euphémie, qui servait de refuge principalement aux princesses des familles impériales ([1]), et Sainte-Julienne. Près de la porte Jeni Aja kapoussi on trouve encore les restes d'une ancienne église byzantine, servant de dépôt de bois au bain voisin. C'était peut-être l'église de Sainte-Julienne ; mais on n'en a aucune preuve.

130) La *Mésé* depuis l'église des Saints-Apôtres et la colonne de l'*Exokionion*, jusqu'à la porte de Charisius présente encore du côté droit (vers le nord), une de ces grandes citernes ouvertes, aujourd'hui converties en jardins potagers et portant le nom de Tchoukour Bostan. Ayant assigné déjà le nom de Bonus au Tchoukour Bostan près de la mosquée de Sultan Sélim, il nous sera facile de reconnaître dans le jardin situé près de la porte Charisius l'ancienne citerne d'Aspar, construite d'après le *Chronicon Paschale* par le chef de la milice gothique, Aspar, sous Léon Ier, πλησίον τοῦ παλαιοῦ τείχους. Il est naturel que les commandants de la garnison gothique aient eu le soin de songer à pourvoir abondamment d'eau leurs compatriotes cantonnés dans l'*Exokionion* ; la ville intérieure était suffisamment fournie par les citernes et aqueducs construits par

---

1. Paspati, *Mélanges*, p. 384.

2. *Itinéraires Russes*, t. I, p. 205.

3. Appelé aussi *Strobylus, Strobylaca* « la vertèbre » à cause de son aspect extérieur.

4. P. 458.

1. Mich. Attal, 16, 6. — *Alexias*, I. 103. — Theoph., An, 397, 13.

les empereurs. La citerne de Saint-Mocius était destinée à la garnison de l'*Exokionion* de la septième colline.

En descendant près de la citerne d'Aspar vers la Corne d'Or, on passe par le quartier Kesmé kaja (le rocher taillé),et on arrive à la porte de Balat *(porta Basilica)* et à l'ancienne porte Κυνηγοῦ. La porte *Basilica* portait aussi le nom de Saint-Jean Prodrome, comme il résulte des document patriarcaux.

Le quartier de Kesmé kaja cache sous son appellation actuelle l'ancien nom de Πέτρα παλαιὰ πέτρα, qui, s'il est permis de se fier à Cédrénus, s'appliquait à cette partie de la ville jusqu'au palais des Blaquernes. Cédrénus ([1]) rapporte que la capitale, assiégée par les Avares et les Persans, pendant que l'empereur Héraclius poursuivait le roi Chosroës, dut son salut à l'intervention de la Vierge.

131) Le passage de cet auteur ne permet pas de placer la παλαιὰ πέτρα sur la pente de la cinquième colline ni de l'identifier avec le *Pétrion.* L'église et le couvent de Saint-Jean-Baptiste, τῆς παλαιᾶς πέτρας, situés sur ce rocher, jouissaient d'une grande vénération, surtout à l'époque des Paléologues. Bien qu'ils soient mentionnés aussi au XIIIᵉ siècle (Antoine de Novgorod), ils n'étaient pas d'une importance aussi grande pour les pèlerins,qu'après la rentrée des Paléologues, car les reliques de le Passion *(vestimenta, arundo, spongia, lancea),* qu'on montrait dans cette église plus tard, se trouvaient auparavant, d'après Antoine de Novgorod, « dans les appartements d'or de l'empereur », le *chrysotriclinium* du Grand-Palais. Sous les Paléologues, le Grand-Palais était tombé en ruines, et les empereurs avaient pour résidence le palais des Blaquernes : ces précieuses reliques furent alors placées dans le couvent de Saint-Jean-Baptiste,

τῆς παλαιᾶς πέτρας. L'ambassadeur castillan Clavijo, qui visita la capitale en 1404, donne une description détaillée du couvent et de l'église (Saint-Jean-Baptiste dite « della Piedra », située près du Palais Impérial). Elle avait trois chapelles, et l'empereur ne sortait jamais du palais sans emporter avec lui la clef du reliquaire.

132) La position indiquée par l'ambassadeur castillan est confirmée par les pèlerins russes Zosime et Étienne, qui décrivent les reliques de cette église après avoir passé par les Blaquernes. Buondelmonte finalement place l'église de Saint-Jean de Petra entre l'église des Saints-Apôtres et le palais de l'empereur (Blachernes),. Pachymères ([1]) signale l'incendie qui prit naissance près de la porte *Kynegôn* et qui détruisit tous les quartiers situés dans la vallée jusqu'au couvent de Saint-Jean-Baptiste : ὥστε ἀπὸ τῆς τῶν κυνηγῶν λεγομένης πύλης, μέχρι καὶ τῆς τοῦ Προδρόμου μονῆς, πᾶσαν τὴν ὑπώρειαν τὸ πῦρ ἐπιλαβὸν ἐπημάθυμε. La vallée comprise entre la cinquième et la sixième colline qui commence près de la porte *Kynagôn* se termine juste au point appelé Kesmé kaja ([2]). Ducas ([3]) rapporte que les Janissaires, après avoir pénétré dans la ville par la porte de Charisius, se dirigèrent d'abord vers le palais, vers le monastère τῆς Χώρας et le couvent de Saint-Jean-Baptiste τὴν Πέτραν. En résumant tous ces témoignages et en tenant compte de ce que Pachymères place l'église au milieu d'une vigne—ou plutôt sur une vigne—nous la mettrons à l'endroit appelé aujourd'hui Bogdan Seraï, situé en face de la mosquée de Kesmé kaja, à peu de distance au nord du Kefeli Djami. Au milieu d'un grand jardin, sur un rocher, se trouve encore une petite chapelle en ruines, mais d'une

---

[1]. I, 728.

[1]. II, 382, 5.
[2]. Pachym., II, p. 44.
[3]. P. 288.

construction élégante, qui parait être une des trois chapelles vues par Clavijo et qui est décrite par le Dr Paspati (¹).

Près de cet endroit se trouve le Kefeli Djamii, ancienne église qui est considérée par les topographes comme le couvent de Manuel ; la citerne située dans la cour de cette église est attribuée à Aspar. Il me paraît plus vraisemblable qu'il s'agit ici de la μονὴ Ἀετίου et de la citerne d'Aétius (¹). Dans le voisinage du Kefeli Djamii se trouve une autre église byzantine changée en mosquée sous le nom de Odalar Mesdjidi, avec un ayasma consacré à saint Jean, dont le nom ancien est inconnu pour le moment (²).

133) Près de la porte d'Andrinople on rencontre l'ancienne μονὴ τῆς. χώρας aujourd'hui

Mosaïque de la Mone-Chora (Kahrié Djamii).
Le grand Lagothète offrant l'image de l'église au Christ Pantocrator.

Kahrié Djamii. Les annales et les belles mosaïques de cette église, si importantes pour l'histoire de la peinture, sont assez connues : nous renverrons pour les détails aux travaux de M. Mühlmann (²) et à notre publicationde l'inscription dans le Παρνασσός. Au*Philadelphium*, comme nous l'avons vu, la *Mésé* se divise en deux branches, dont l'une va jusqu'à la porte d'Andrinople, tandis que l'autre passe par le *Forum Amastrianon* au *Forum Bovis*, situé au pied de la septième colline et près du port d'Éleuthère. Le nom actuel d'Akseraï rappelle encore l'existence du palais d'Éleuthère construit par l'impératrice Irène (³). Le *Xerolophus*, la septième colline, séparée par la vallée du Lycus du reste de la ville, comprend d'abord le quartier des *Helenia-*

---

1. (*Mélang.*, p. 360. εὐκτήριον τοῦ ἁγίουΝικολάου.) Le journal de Stephan Gerlach qui séjourna sous Sélim III, à la fin du XVIe siècle à Constantinople, donne une description de l'état dans lequel se trouvait alors ce couvent et comment il passa aux princes de Moldavie. Aujourd'hui il porte encore le nom de Bog dan Seraï, palais de Moldavie, triste contraste avec la ruine d'une petite chapelle au milieu d'un jardin potager.

2. Mühlmann, *Archiv für Kirchlkunst de Prüfer*, 1886 et 1888.

---

1. Ducange « *Aëtii templum* », *in Cpl. Chr.*, p. 152. — Anonym. Band., ib. III, 136, no.

2. Paspati, *Mélanges*, p. 363.

3. Cedr., II, 24.

na, ensuite le *Deuteron (l'Exokionion)* et *Psamathéa*. La *Descriptio antiqua* donne pour la *Mésé* jusqu'à l'ancienne Porte Dorée les mêmes stations que le *Livre des Cérémonies : Moneta, Columna, Forum Theodosiacum, Porticus Troadenses, Porta aurea.*

La base de la colonne qui supportait jadis la statue d'Arcadius indique l'emplacement du *Forum Arcadii (Theodosiacum)* ([1]) et du quartier *Heleniana* ([2]). Banduri ([3]) cite un passage de la *Vie de saint Isaac :* ἐν τῷ παραθαλασσίῳ μέρει τῆς πόλεως πλησίον Ἐλενιανῶν εἰς τὸν καλούμενον Ψαμαθίαν ; qui prouve également que ce quartier occupe le *Xerolophus*. Il résulte du récit de Théodorète sur un miracle arrivé au bain des *Heleniana* ([4]), que l'église de Saint-Étienne ἐν Αὐρηλιαναῖς était située vers le nord du *Forum Arcadii* c'est-à-dire sur la route conduisant à la porte de Saint-Romain, et qui passe à un niveau plus élevé que les *Heleniana*. D'après le même auteur, le célèbre monastère τῶν Δαλμάτων était situé en face et au nord de l'église de Saint-Étienne. Dans le quartier *Heleniana* sont mentionnées également les églises des saints Thyrsus, Callinicus et Lucius ([5]), et le couvent de Carpus et Babylas ([6]). Antoine de Novgorod, après avoir parlé de ce couvent, ajoute : « in regione vicina quæ vocatur Triacondaphyllon » c'est-à-dire l'église de la Periblepte (Soulou Monastir).

134) Les édifices byzantins encore sur la *Mésé* du *Xerolophos* sont la petite mosquée de Isa Kapou, près de laquelle la rue conduisant à *Psamathia* se sépare de la rue principale ([1]). Il est probable, que c'est là qu'il faut chercher l'ancienne Porte Dorée du mur Constantinien ; sur la côte maritime on rencontre à la même hauteur le quartier d'Et jemès emplacement de l'ancien couvent de Dius, qui marque le commencement du mur terrestre de Constantin. A l'Ouest et au Nord de ce point se trouve le quartier Alti Mermer, Eximarmara, qui a conservé sous ce travestissement l'ancienne dénomination d'*Exokionion* dérivée de la grande colonne érigée par Constantin le Grand, en dehors des fortifications, et marquée encore sur le plan de Buondelmonte.

Aucun doute n'est possible sur l'emplacement des églises de la Vierge Périblepte (Soulou Monastir), de Saint-Jean τῶν Στουδίου (Imrakhor Djami), et du couvent des *Gastria* (Sandjakdar Djamii), tous situés dans le quartier de *Psamathia*. Deux grandes colonnes en marbre, exhumées il y a deux ans dans un jardin à côté de l'usine de gaz à Jedikoulé, indiquent la place où se trouvait jadis l'église de Saint-Diomède ([2]).

135) L'église de Saint-André ἐν τῇ κρίσει ([3]) est la mosquée de Kodja Moustapha Pacha ([4]). Au nord de cette mosquée on atteint le Tchoukour Bostan, qui correspond à la citerne de Saint-Mocius, et la mosquée d'Alti Mermer, qui, selon toutes les apparences, est construite sur l'emplacement de l'ancienne église de Saint-Mocius. La petite église grecque de ce quartier, dédiée à la Vierge, a conservé son ancien

---

1. *Chron. Pasch.*, 579.
2. Comes Marcellinus apud Ducange « *Palat. Helenæ* » : forum Theodosii in loco dicto Helianæ ædificatum est. »
3. P. 511 (II, éd. Venet).
4. Ducange, *Palatium Helenæ*.
5. *Synax.* 30 janvier. Const. Porphyrogénète, p. 56 : prouve que cette église se trouvait tout près du *Forum Arcadii*.
6. Πλησίον τῶν Ἐλενιανῶν. *Synax*, colleg. Clarom.

1. Paspati, *Mélanges*, 361.
2. Le couvent d'Euthymius, visité souvent par les pèlerins russes du XIIIe et du XIVe siècle, a été fondé par le patriarche Euthymius sous Léon VI. La vie du patriarche dernièrement publiée par De Boor contient des renseignements précis sur l'endroit : il était situé dans le quartier de *Psamathia*, sur le terrain de la famille Κατακοιλα (Κατακαλῶν) dans le voisinage immédiat du couvent de Studias (Πλησιοχοροῦν τῇ τῶν Στουδίων μονῇ).
3. Pachym. II, 113. — Theoph., *An.*, 324.
4. Paspati, *Mélanges*, 318.

nom de Gorgoepikoos, mentionnée sous ce nom par Cantacuzène (¹) et les documents patriarcaux (²). C'est probablement la même église que mentionne ainsi Antoine de Novgorod, §. 124 : « dans le couvent de la Mère de Dieu, près de la colonne, repose dans un tombeau d'argent, saint Eudocime le Jeune » (³), et qui s'appelait aussi μονὴ τῆς Εὐεργετίδος. Il est vrai que la Sainte Mère, dite *Vergetri*, est décrite aussi par Antoine de Novgorod (⁴) ; mais il se trompe évidemment, car il cite les reliques de saint André comme conservées dans cette église, qui n'est autre que celle de Saint-André ἐν τῇ κρίσει. En partant de la Vierge Péri-blepte (⁵), il visite l'église de Saint-Étienne le Jeune, ensuite celle de « *Vergetri* », avec les reliques de saint André et arrive de là à Saint-Mocius. Il résulte de cet itinéraire, qu'il n'avait en vue que Saint-André ἐν τῇ κρίσει, qu'il confond avec le couvent de l'Évergète, près de la colonne.

136) D'après les *Act. Sct.* des Bollandistes, il faut placer presqu'à côté de la colonne d'Arcadius, 1°, le couvent de Βραχᾶ ἑβραϊκά, Σταυρακίου, où était enseveli le malheureux empereur Staurace et son épouse : l'église était dédiée à la Trinité et portait aussi le nom de Χριστὸς ἐν τῷ σταυρῷ. La mémoire de saint Onésime et des douze apôtres étant célébrée ici à un certain jour, on l'appelait aussi οἱ ἀπό'στολοι, et l'endroit où se croisaient les trois routes, le Mésé du *Xerolophos*, la route de la Porte dorée et celle de la porte de Selymbrie était appelé τριόδος τοῦ ἀγ. Ὀνεσίμου ; 2°, le couvent situé

vis-à-vis du patriarche Athanasius de l'époque paléologène, couv. du Grand Logariaste.

Sur la route qui conduit de la citerne de Saint-Mocius à la porte de Selymbrie *(Sigma)* nous devons chercher le monastère de Saint-Philippe et l'église de Saint-Luc «ubi mortui sepeliuntur » (¹). M. Paspati (²) a découvert dans un jardin, entre le corps de garde de l'Alti Mermer et la mosquée Jol Guetchen, un édifice et un souterrain de construction byzantine, qu'il attribue à la Vierge *Sigma*. Il ajoute, qu'à quelques pas vers l'occident, on a mis au jour un grand nombre de monuments funéraires. D'après ce qui est rapporté sur le couvent de Saint-Philippe et sur l'église de Saint-Luc et son cimetière public, il paraît plus juste de reconnaître le couvent de Saint-Philippe dans les restes découverts. Près de Saint-Philippe est placé par les *Synax.* (³) le Μαρτύριον τοῦ ἁγίου Βλασίου (ἐν τοῖς Μελτιάδου), qui correspond peut-être au *monasterium Calojohannis*, avec les reliques de saint Blaise, mentionné par Antoine de Novgorod.

137) Tout le quartier de l'*Exokionion* entre la porte de Sélymbrie et la porte *Mélandésiæ* était appelé le *Deuteron*. Aucune trace des nombreux sanctuaires de cette partie de la ville n'a pu être retrouvée. Il serait difficile de leur assigner même une place hypothétique, car les indications fournies par les auteurs sont trop vagues. Sainte-Anne ἐν Δευτέρῳ occupait peut-être la place de la mosquée voisine de la porte de Sélymbrie ou du *Sigma*, où se trouvait une colonne avec la statue de Théodose II (⁴). Près de l'église de Sainte-Anne se trouvait d'après les actes des Bollandistes aussi l'église de Saint-Bassianus, construite par l'empereur Marcien

---

1. II, p. 165, 7.
2. Müller et Miclosich, t. I, p. 218. Cf. sur l'étymologie du mot Γοργοϋπήκοος la note des *Synax.* Θ. Nov. (éd. d'Athènes, 1868, t. I, p. 209).
3. Müller et Miclos., II, 399 ; ἐνορια τοῦ ἁγίου Εὐδοκίμου. — Ducange. « Iuxta S. Lucam. »
4. §. 118.
5. § 117.

1. Cedr., I, 631. — Théoph., *Cont.*, 322.
2. *Mélanges*, p. 380.   381
3. 11 février.
4. Théop. *Cont.*, 197. — Cedr., II, 173. — Gênes, 105.

(*Acta ad 15 oct. in vita Sti Bassiani*). Puis venaient : l'église des Saints Zoé, Hesperus et Exupérance ἐν τῷ Δευτέρῳ (¹), et non loin celle de Sainte-Anne, Saints-Florus-et-Laurus près de Saint-Philippe et de la Mokisia (²). Les Saints-Notaires ἐν τῇ Μελανδησίᾳ πύλη τοποθεσίᾳ τοῦ Δευτέρου. (*Syn. 25 oct.*). Pour les monuments situés près de la porte de Saint-Romain, Antoine de Novgorod affirme que les sanctuaires de Saint-Romain, du prophète Daniel et de Saint-Nicétas étaient adossés aux murs de la ville ainsi que celui de Sainte-Anastasie ; la petite chapelle (Monastir Mesdjidi) (³), située sur la rue Top Kapoussi est trop insignifiante pour être attribuée à l'un de ces sanctuaires si renommés. L'attri-

bution de M. Paspati au petit couvent de *Menodora Metrodora* et *Nymphodora* de Müller et Miclosich (¹) paraît être suffisamment justifiée. D'après les *Menæa* Sirmondi (18 novembre), la région où se trouvait l'église de Saint-Romain portait le nom ἐν τοῖς Ἑλεβίχου, *monasterium Chrysobalanti* (²). Dans la vie de saint Baras, publiée par M. Pappadopulos Kerameus (Μαυροκορδατῆος βίβλιοθήκη) est encore mentionné le couvent de Saint-Raboulas (τοῦ Ῥαβουλᾶ).

1. I, p. 198.
2. Les *Acta sanct. Bolland. Julii*, t. VI, 26 jul. p. 600, n° 1 et 4, mentionnent que sainte Irène de Cappadoce était enterrée dans ce couvent, situé dans un bel endroit de Constantinople, loin du bruit du monde, non loin de la citerne d'Aspar, dans la *Deuteron* (secunda parte urbis), près de la porte de Saint-Romain entre le couvent de Chora et l'église de Saint-Georges ἐν Δευτέρῳ. Ce passage confirme notre attribution de la citerne d'Aspar. Les *Synaxaria* du 6 sept. parlent aussi des ἐγκαίνια τῆς ὑπεραγίας Θεοτόκου εἰς τὸ Δεύτερον ἐν τῷ οἴκῳ τῆς ἁγίας Εἰρήνης. Le *monasterium Chrysobalanti* était situé près de cette porte.

1. *Synax.* 2, May. — Procope, *de Ædif.*, p. 185. — Anonym. Banduri.
2. Cedr., II, 22.
3. Paspati, *Mélanges*, 376.

Index bibliographique.

1. Les auteurs byzantins de la collection de Bonn.

2. Joh. Zonaras, Ἐπιτομὴ ἱστορίας éd. Dindorff. Lipsiae, Teubner, 1868, in-8°, 5 vol.

3. Critobuli Imbriotae *libr.* 5. *de rebus gestis Mehemetis,* éd. Carolus Müller; *In fragment. historicor. Graecor.*, t. V, pars altera. Paris, F. Didot, 1870, in-4°.

4. *Fragm.* Johannis Antiocheni et Joh. Malalae in Hübner Hermes, t. VI. Berol., Weidmann fr., 1872, in-8°, p. 323 ; et t. V, p. alt., *Fragm. Histor. Graec.*. Paris, F. Didot, 1870.

5. *Notitia urbis Constantinopolit.* in *Notitia dignitatum,* éd. Otto Seeck. Berlin, Weidmann fr., 1876, in-8°.

6. *Vita Euthymii,* éd. De Boor. Berlin, G. Reimer, 1888, in-8°.

7. Συναξαριστὴς τῶν 12 μηνῶν ἐκδ. ὑπὸ Νικοδήμου. Ἀθῆναι, Nicolaïdes de Philadelphia, 1868, in-4°.

8. Μνημεῖα ἁγιολόγικα ἐκδ. Θεόφιλ Ἰωάννου. Βενετία, Τυπ. Φοίνικος, 1884, in-8°.

9. *Chroniques Gréco-Romanes,* publiées par Ch. Hopf. Berlin, Weidmann, 1873, (contenant Rob. de Clary, *Prise de Constantinople,* p. 1-85 et *Chronista Novgorodensis,* p. 93-98).

10. *Chronique en vers,* paraphrase de Nicetas Acominatus in Jos. Müller, *Byzantin. Analecta Acad. de Vienne, Philol. histor. classe,* t. IX, cahier 2, 1852. K. K. Hof et Staatsdruckerei, in-8°.

11. Tafel et Thomas, *Urkunden zur älteren Handels, und Staatengeschichte der Republ.* Venedig, 3 vol., (*in Fontes rer. Austr.* vol. XIII. Vienne, 1855-1856).

12. Desimonis, *Sui quartieri dei Genovesi a Costantinopoli nel secolo xii,* Giornale Ligustico, anno III, fasc. 7 et 8.

13. Müller et Miclosich, *Acta et Diplomata graeca medii aevi sacra et profana,* 6 vol., Vienne, C. Gerold, 1859-1890, in-8°.

14. Chr. Buondelmonte, *Liber insular. archipelagi,* éd. Sinner. Lips. et Berol., Georg. Reimer, 1824, in-8°.

15. Ubertini Pusculi *Constantinopolis libr.* 4, in *Analecten der mittel-und neugriech. Literatur,* von Ellissen. Leipzig, O. Wigand, 1857, in-8°.

16. *Giornale dell' Assedio di Costantinopoli* 1453, di Nicoló Barbaro, éd. Cornet. Vienna, Tendler & C°, 1856, in-8°.

17. *Belagerung u. Eroberung von Constantinopel* 1453 *aus der Chronik* v. Zorzi Dolfin, éd. G. Thomas. München, Académie royale, 1868.

18. Leonardi Chiensis, *Epistola de Urbis C. P. jactura et captivitate,* éd. Dʳ P. A. Dethier in *Monumentis Hungaricæ historiæ,* t. XXI, 1ʳᵉ partie, p. 555 et ss., Buda Pesth, Académie royale, 1878-1879.

19. P. Gyllii *de Cpleos Topographia, libr.* 4. Lugd. Batav., Elzévir, 1632, in-16.

20. Stephan Gerlach *Tagebuch der Gesandschaft an d. Ottomanische Pforte* durch David Ungnad Frei herrn v. Sonneck. Frankfurt a/Main, verlag v. J. D. Zunners, 1674, in-f°.

21. *Memorie istoriche de monarchi ottomani,* di Giovanni Sagredo. Venetia, Presso Combi et La Noà, 1673, in-4°.

22. *Caesarea Legatio* (comte de Leslie), a. Reverendo Patre Paulo Tafferner. Vienna, Lochner, 1672, in-16.

23. Carol. Du Fresne Ducange, *Hist. byz. dupl. com. illustr......* *Descriptio urbis Constantinopolitan. sub imp. Christianis.* Venetiis, Javarina, 1729, in-f°.

24. Anselm. Banduri, *Imperium Orientale,* continens Anonymi de *Antiq. Constantinopolitan. libr.* 4. Venetiis, Javarina, 1729, in-f°.

25. Κωνσταντινιὰς παλαιὰ τε καὶ νεωτέρα παρὰ ανδρὸς κτλ.. (Patriarche Constantius I). Ἐν Κῶνπόλει, D. Paspalli, 1844, in-8°.

26. Κωνσταντίου Α' τοῦ ἀπὸ Σιναίου Πατριά χου Κωνπόλεως συγγραφαὶ αἱ ἐλάσσωνες ἐκδ. ὑπὸ Θεοδώρου Ἀριστοκλέους. ἐν Κῶνπόλει, Πρόοδος, 1866, in-8°.

27. R. G. Paspati, Βυζαντιναὶ Μελεταὶ τοπογραφικαὶ καὶ ἱστορικαὶ ἐν Κῶνπόλει, typ. d'Ant. Koromilas, 1877, in-4°.

28. Comte Riant, *Exuviae sacrae Constantinopolitanae.* Paris, Leroux, 1877, in-8°.

29. C.-N. Sathas, *Documents inédits de l'hist. de la Grèce au moyen âge,* t. III. Paris, Maisonneuve, 1882, in-4°.

30. A. Pappadopopulos Kerameus, Μαυρογορδατεῖος Βιβλιοθήκη (supplém. du tome XV de l'*Annuaire du Syllogue Philologique Hellène*). Constantinople, Boutyras 1884. in-4°.

31. Μανουῆλ Γεδεὼν χρονικὰ τοῦ πατριαρχικοῦ οἴκου καὶ τοῦ ναοῦ. Κῶνπολις, Constantinople, imp. du Patriarchat grec, 1884, in-8°.

32. *Itinéraires russes en Orient* (Société de l'*Orient Latin*). Genève, Fick, 1889, in-8°.

Imprimé par Desclée, De Brouwer & Cie, Bruges.

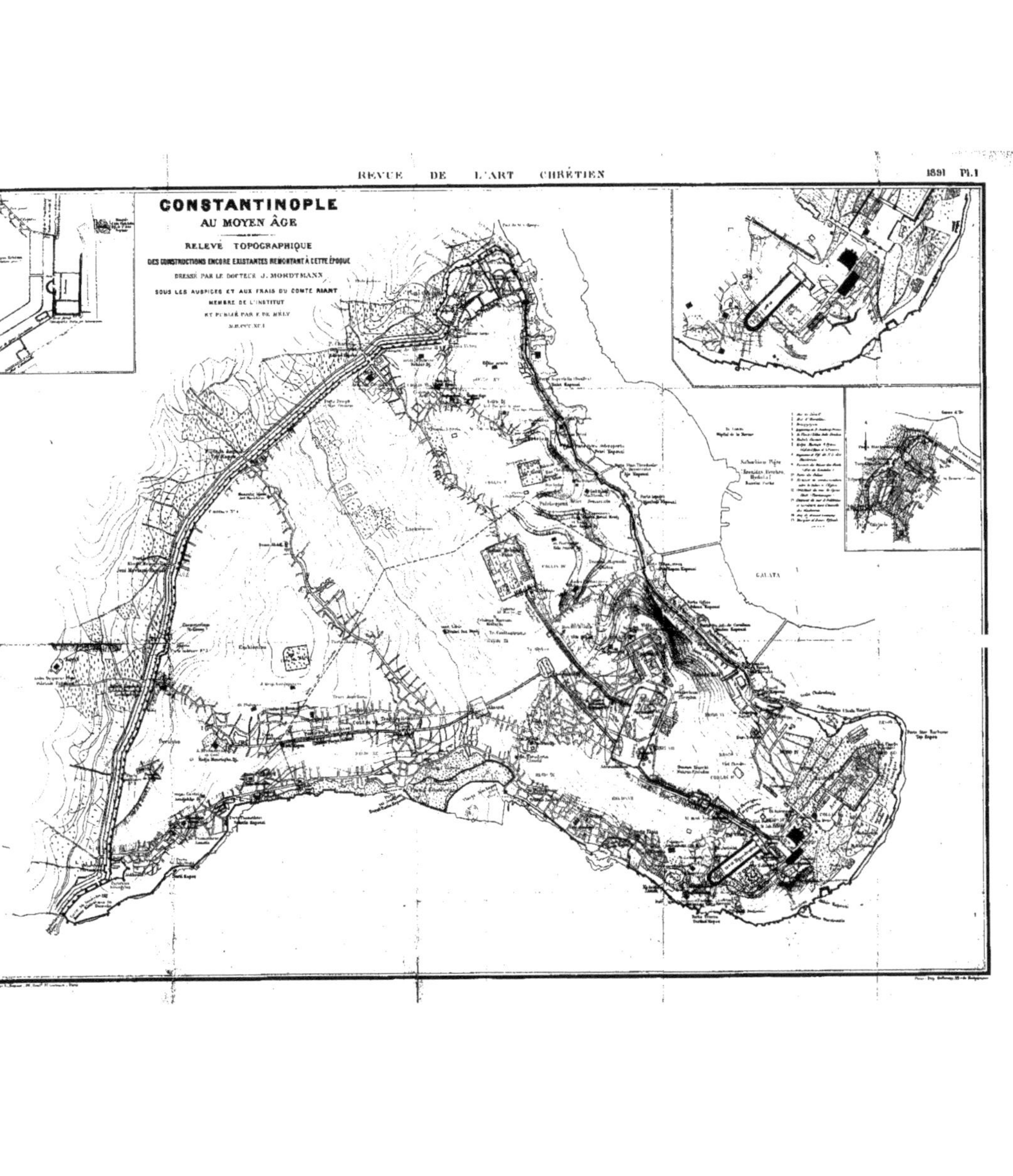
CONSTANTINOPLE
AU MOYEN ÂGE
RELEVÉ TOPOGRAPHIQUE
DES CONSTRUCTIONS ENCORE EXISTANTES REMONTANT À CETTE ÉPOQUE
DRESSÉ PAR LE DOCTEUR J. MORDTMANN
SOUS LES AUSPICES ET AUX FRAIS DU COMTE RIANT
MEMBRE DE L'INSTITUT
ET PUBLIÉ PAR F. DE MÉLY
GALATA

518

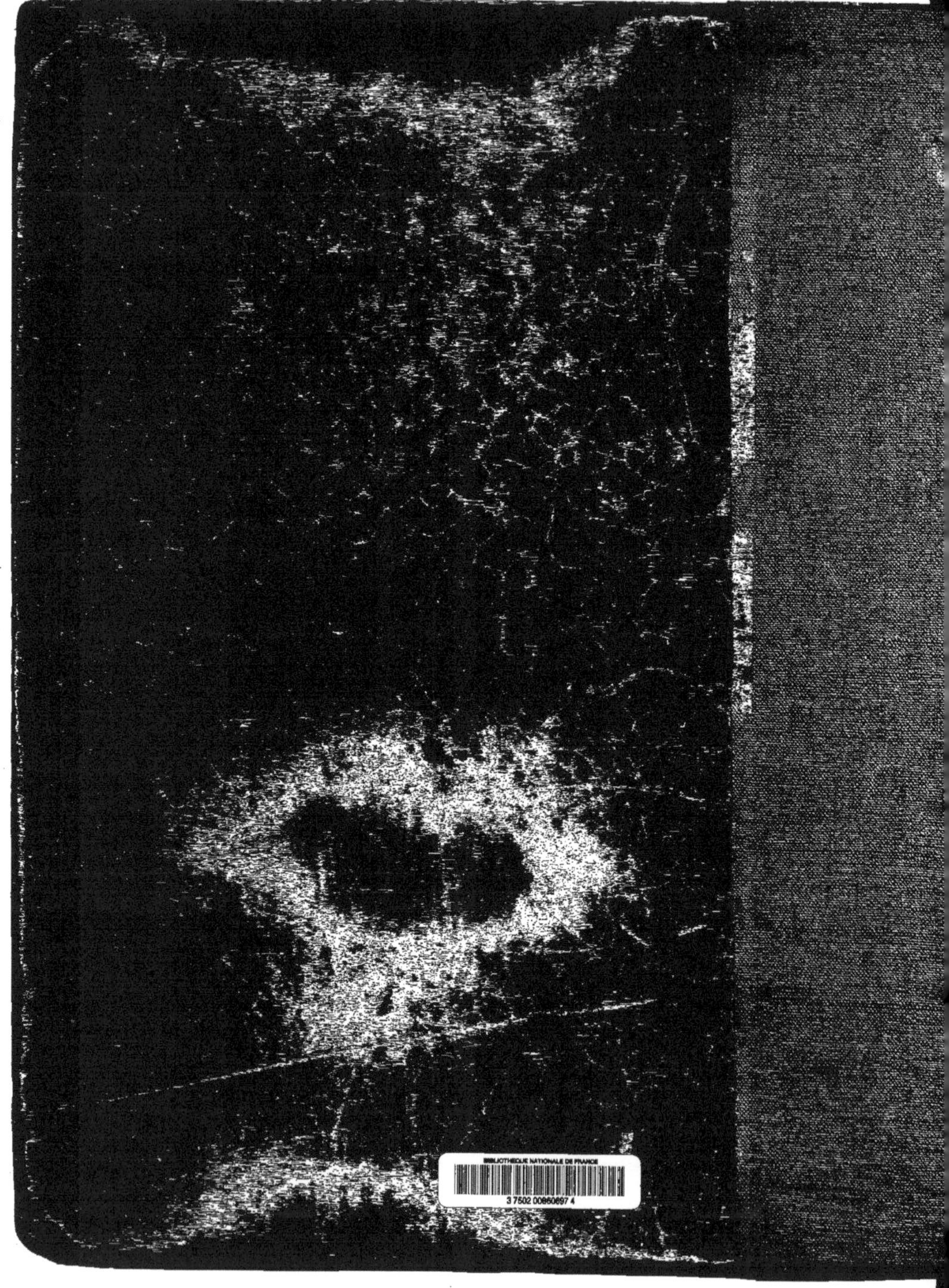

www.ingramcontent.com/pod-product-compliance
Ingram Content Group UK Ltd.
Pitfield, Milton Keynes, MK11 3LW, UK
UKHW021210220726
13924UKWH00003B/1431